农村小学数学教师专业发展

王彩芳　著

浙江工商大學出版社
ZHEJIANG GONGSHANG UNIVERSITY PRESS
·杭州·

图书在版编目(CIP)数据

农村小学数学教师专业发展 / 王彩芳著 . — 杭州：
浙江工商大学出版社 , 2021.8
ISBN 978-7-5178-4651-2

Ⅰ . ①农… Ⅱ . ①王… Ⅲ . ①小学数学课—师资培养
—研究 Ⅳ . ① G623.502

中国版本图书馆 CIP 数据核字 (2021) 第 169528 号

农村小学数学教师专业发展
NONGCUN XIAOXUE SHUXUE JIAOSHI ZHUANYE FAZHAN
王彩芳　著

责任编辑	吴岳婷
责任校对	沈黎鹏
封面设计	林朦朦
责任印制	包建辉
出版发行	浙江工商大学出版社
	（杭州市教工路 198 号　邮政编码 310012）
	（E-mail : zjgsupress@163.com）
	（网址 : http://www.zjgsupress.com）
	电话 : 0571-88904980 , 88831806 (传真)
排　　版	杭州朝曦图文设计有限公司
印　　刷	杭州宏雅印刷有限公司
开　　本	710mm×1000mm　1/16
印　　张	12.5
字　　数	178 千
版 印 次	2021 年 8 月第 1 版　2021 年 8 月第 1 次印刷
书　　号	ISBN 978-7-5178-4651-2
定　　价	49.00 元

前言

　　义务教育均衡发展的核心是教师素质的均衡。《国家中长期教育改革和发展规划纲要（2010—2020年）》明确指出，要推进义务教育均衡发展，以农村教师为重点，提高中小学教师队伍整体素质，到2020年，基本建成覆盖城乡各级各类学校的教育信息化体系，促进教育内容、教学手段和方法现代化；充分利用优质资源和先进技术，创新运行机制和管理模式，整合现有资源，构建先进、高效、实用的数字化教育基础设施；重点加强农村学校信息化基础建设，缩小城乡差距。

　　在前期文献检索和根据《小学教师专业标准（试行）》设计的调查中发现，同等学历、相同教龄的城乡小学教师在专业理念与师德、专业知识和专业能力方面存在差异，尤其是农村小学教师科研能力普遍偏低，部分小学教师对自己的研究能力持怀疑态度。原因是多方面的：首先，教师缺乏针对科研的专业训练和学习经历，主观上认为搞研究是大学教授和有关专家的事情；其次，农村小学教师教学任务繁重，压力大，如数学教师，除了上数学课外，还可能兼教自然、历史等课程，也没有那么多时间和精力去搞研究。学习资源缺乏、研究不成体系、培训内容针对性不强等，都严重影响着农村小学数学教

1

师的专业发展。近年来,基础教育课程改革深化,中小学数学课程体系随之发生改变,城乡小学数学教师的差异因而更加显著。

　　本书基于大量的调查,从农村小学数学教师身份认同、农村小学数学教师专业性知识、农村小学数学教师教研能力、农村小学数学教师终身学习状况,以及农村小学数学教师专业发展外部因素等方面展开论述,在一手详细数据的基础上,对农村小学数学教师的专业发展进行探讨,探索农村小学数学教师专业发展的途径。

　　本研究得到了钱丽华教授及其学生和广大一线农村小学数学教师的支持,在此表示衷心的感谢。

　　本书在撰写过程中,吸收了许多专家学者的研究成果,在此表示衷心感谢。由于时间仓促,书中难免有不当之处,恳请各位读者批评指正。

王彩芳

于金华市红湖路小学

2021年3月20日

目录

第四章　农村小学数学教师的终身学习

第五章　农村小学数学教师专业发展外部因素

第 一 章

农村小学数学教师身份认同

教师身份自我认同是指教师在一定社会环境及生存状态下,对教师职业、工作环境和自身群体的认可和接受程度,它是教师对所从事的职业进行的自我建构。一个教师只有认同了自己的身份,才能在工作和生活中找到自己的位置,从而对生活充满希望,并全身心地投入工作,也只有这样,才能在自己所从事的工作中实现自我价值及人生理想。

我国大部分小学在农村。农村小学教师是农村教师的重要组成部分,他们的工作状态和素质高低将直接影响义务教育的质量。2015年6月,国务院办公厅发布的《乡村教师支持计划(2015—2020年)》明确指出:"发展乡村教育,教师是关键,必须把乡村教师队伍建设摆在优先发展的战略地位。"

近年来,随着国家出台了一系列支持乡村小学教育发展的政策和举措,农村小学教师与其他农村教师一样,地位和待遇明显得到提高,农村小学教师队伍面貌发生了巨大变化,农村小学教育质量得到了显著提高,这无疑强化了社会对农村小学教师的身份认同。然而,农村小学数学教师的自我身份认同状况如何?本章通过深入浙江省部分农村小学数学课堂听课、进行问卷调查、实地访谈,对影响农村小学数学教师自我身份认同的因素展开调查分析,并提出相应对策。

第一节 影响农村小学数学教师自我身份认同的因素

一、高等院校非全科培养模式的影响

高等院校的非全科培养模式影响了乡村小学数学教师的自我身份认同。

教师在高等院校学习时往往分专业,并确定了专业学习方向。小学数学教育方向毕业的教师对小学数学教师身份的自我认同感明显高于其他专业方向毕业的教师,其他方向均存在着对小学数学教师身份的自我认同障碍,因为这些教师在小学数学专业知识、专业技能方面比较欠缺,不能满足现实教学的需要。目前,多数农村小学有包班教学现象。包班教学是指同一个教师任教同一个班的数学、语文等主要课程。调查显示,49.5%的农村小学采用包班教学,其中28.6%的农村小学第一学段(1—3年级)采用包班教学。由于学校教学的需求,非小学数学教育方向毕业的教师也需负担小学数学教学工作。再者,随着城镇化的加快,边远山区小学生源越来越少,自然形成小班制,乃至一所学校只有几个学生,一个教师需担任多门课的教学,甚至一所学校只有一个教师。

二、小学数学教育不断改革的影响

小学数学教育改革也影响了农村小学数学教师的自我身份认同。

随着基础教育改革的不断深入，小学数学教育的课程标准、教学内容、教学方法与手段、教学评价与管理等方面发生了翻天覆地的变化。改革意味着教师的整个专业场景将发生彻底的转变，教师以往熟稔于心的、早已内化的专业实践、规范、标准与价值观基本将在改革中失去意义。

调查显示，农村小学数学教师年龄越大、教龄越长，小学数学教育改革对其自我身份认同的影响越大，职业倦怠感越强。据笔者的调查，在教龄25年以上的农村小学数学教师中，75%对数学课程标准不够熟悉，80%不喜欢教学内容的改革，认为教学内容的改革影响了他们的幸福指数，75.6%的教师对教育信息化不适应，对小学数学教学资源网站及平台不熟悉。

深入数学课堂听课时发现，教师们对北京师范大学出版社出版的小学数学教材中的"数学好玩"或人民教育出版社出版的小学数学教材中的"数学广角"等综合实践模块解读不深刻。访谈中发现，造成这一现象的主要原因是这一模块的内容是新增的，农村小学学习资源比较匮乏，教师参与培训机会不多。听课中还发现，部分农村小学数学教师教学方法陈旧，在教学中，由于不会独立制作课件，只能使用光盘进行教学，当师生双方的互动生成一些新的教学资源时，由于光盘的教学流程固定，教师无法调整预案，只能按照光盘的流程继续进行。

三、教师招聘无地区限制的影响

当前，我国农村小学数学教师招聘已逐步走向制度化、规范化。浙江省农村小学数学教师招聘基本采用面向全社会公开招聘的形式,高等教育毕业生通过笔试、面试进入农村小学教师队伍。这样的招聘,使农村教师外来比例提升,许多非本省、本地、本乡出生长大者被招聘到农村担任教师。

调查显示,采用以上方法招聘来的农村小学数学教师中,92.2%非本乡人,26.1%非本地区人,9.6%非本省。在教龄5年以内的教师中,非本省出生的农村小学数学教师自我身份认同感最低,其次是非本地区人,出生在本乡的教师自我身份认同感最强。产生这一结果的原因,位于首位的是听不懂当地的方言,无法与家长沟通;第二是生活不习惯,如饮食、气候不适应等;第三是无法融入当地的人际交流圈子,生活孤单。

第二节　提升农村小学数学教师自我身份认同的对策

一、高等院校必须探究农村小学全科教师培养新模式

目前,高等院校主要是分专业、定方向进行人才培养。这种培养模式专业方向明确,培养出来的教师具有扎实的学科知识,有较强的专业课程教学和研究能力,但知识结构单一,很难适应农村小学教师经常需要包班教学的实际需要。因此,高等院校必须探索全科培养的新模式,调整现有的专业课程,按照"少而精、博而强"的原则,重新选择、确定专业课的基本内容。与此同时,拓宽和强调基础课程,"厚基础、宽口径",使培养的小学教师能够了解小学阶段的所有学科教学,能随时担任小学各门课程的教学工作,以适应农村小学的包班制、小班制乃至一人一校等多种复杂形式下的教育教学工作。

二、激发内驱力,促进农村小学数学教师主动融入基础教育改革

农村小学数学教师的专业发展对农村小学数学教育质量起着决定作用。因此,农村小学数学教师必须在课程改革中重构自我,实现从外在的角色规定到内在的身份认同的转变。教师唯有得到内在的自我身份认同,个体的专业自主发展才能实现。

首先,要激发农村小学数学教师的职业情怀,使其树立正确的世界观、人生观、价值观,关爱学生发展。其次,农村小学数学教师需要通过不断学习,加快自身知识、理念的更新速度,提升专业素养,可以利用教育教学网络资源平台,有计划地阅读新的教育教学理论,还应不断钻研小学数学教材,从细读课程标准入手,读懂小学数学的知识体系。再者,开展多元化的教师专业发展培训及读书会、教学研讨会、小学数学教学与信息技术融合探讨会等,不断学习新的数学知识与教学方法,在学习、探索中获得成功的体验,实现人生价值。

三、关爱外来教师的工作与生活,体现人本情怀

各级部门应制定向外来教师倾斜的政策,如住房补贴等,农村小学应创造条件,关心外来年轻教师的生活、婚姻,切实把每位教师的冷暖和发展放在心上,本地教师应主动接纳外来教师,使他们感受到大家庭的温暖。外来教师应主动融入农村文化,入乡随俗,为第二故乡的教育事业贡献自己的聪明才智。

第　二　章

农村小学数学教师专业性知识提升策略

第一节 教育教学知识提升策略

在现代教育体系中，教师具有举足轻重的作用。教师自身的素质对学生的发展起到重要的作用。在小学课堂中，教师的知识水平对学生的思维、情感、价值观等方面的发展起着至关重要的作用。而教育教学知识则是教师知识的重要组成部分，是教师综合素质的具体表现。小学数学老师的教育教学知识水平直接影响着小学生的成长。城市教师拥有的信息资源、教学设施设备更丰富，这是客观存在的事实，这使得城乡师资力量存在明显的差距。本节的调查根据《小学教师专业标准（试行）》(以下简称《专业标准》)和《义务教育数学课程标准（2011年版)》(以下简称《数学新课标》)进行设计，通过问卷调查对城乡小学数学教师教育教学知识水平进行比较研究，有利于了解城乡教师在教育教学知识方面的差距，对实现教育资源均衡、缩小城乡教育之间的差距有着重要意义。

一、研究对象及方法

(一)研究对象

调查抽样对象来自金华市婺城区、开发区4所农村小学及4所城市小学。

问卷当场发放,收回的有效问卷数为160份,其中农村小学教师80份,城市小学教师80份。被调查者的人口学特征如表2-1与表2-2所示。

表 2-1　被调查者的基本情况

（单位：人）

对象	性别		教龄				
	男	女	0—4 年	5—10 年	11—15 年	16—20 年	20 年以上
农村小学数学教师（单位：人）	40	40	15	19	21	10	15
城市小学数学教师（单位：人）	40	40	3	16	19	23	19

表 2-2　被调查者的学历及职称情况

（单位：人）

对象	最高学历				职称				
	中专	大专	本科	研究生	未评级	小二	小一	小高	小挂高
农村小学数学教师	6	25	49	0	3	3	19	55	0
城市小学数学教师	3	9	68	0	2	0	17	52	9

（二）研究工具

　　研究工具采用自编的小学数学教师教育教学知识测验问卷。本问卷内容根据教师教育基础知识、《数学新课标》等相关理论知识设计。《专业标准》将小学教师的教育教学知识分成了四部分,分别是:小学教育教学基本理论、小学生品行养成的特点和规律、不同年龄小学生的认知规律、所教学科的课程标准和教学知识。由此,本问卷设计时从教育教学基本理论知识、学生品行养成理论知识、小学生认知发展规律知识及课程标准和教学知识这四方面展开。

1. 教育教学基本理论知识部分

　　该部分处在问卷的第一部分,共5小题,每题5分（后同）。其中包括教育学知识、教学活动中的相关知识以及教师自身发展知识等基础知识测验。掌握扎实的教育教学基本理论是小学数学教师开展教育教学活动的前提，是教师进行教学实践的理论保障。

2. 学生品行养成理论知识部分

该部分问卷分为两个层次。第一层面向教师，即涉及教师在课堂或校园生活中遇到的有关学生品行的问题。第二层则是让教师站在学生的角度考虑该如何合理解决所遇到的问题。

3. 小学生认知发展规律知识部分

小学生的认知发展包括注意、思维、观察、情感等多方面的发展。这一模块侧重考查小学数学教师对学生观察力、注意力、思维发展、情感发展这四方面了解程度。对小学生认知发展规律的掌握有利于教师更好地开展教学。

4. 课程标准和教学知识部分

伴随着《数学新课标》的颁布，数学新课程改革开始实施。《数学新课标》是根据国家课程计划编写的指导教师实施教学的指导性文件。因此，教师的教学要跟得上《数学新课标》的改变。《数学新课标》的实施，也意味着教师需要对自己的教学方案进行更改。

二、相关数据处理及研究结论

（一）农村小学数学教师教育教学知识的整体情况分析

以农村小学数学教师的教龄、最高学历以及职称作为自变量，四块知识分别获得的分数作为因变量进行数据分析，其中，教龄对教师教育教学知识水平的影响较显著，而教师的职称、最高学历对教育教学知识水平的影响并不明显。分析如下：

第一，被调查的农村小学数学教师在学生品行养成理论知识上的得分明显比在教育教学基本理论知识、小学生认知发展规律知识与课程标准和教学知识上的得分高。在被调查的80位农村小学数学教师中，各部分知识的得分情况如图2-1—2-4所示。

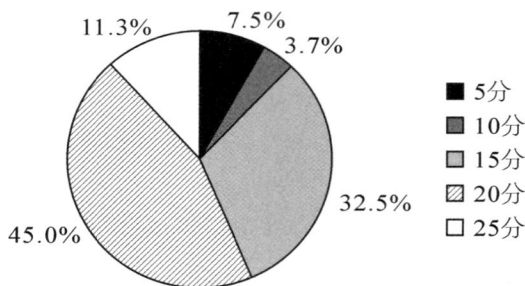

图 2-1　农村小学数学教师教育教学基本理论知识得分情况

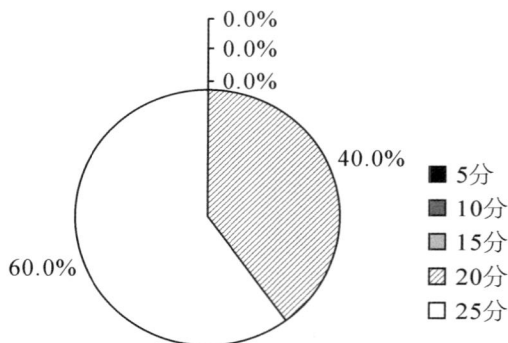

图 2-2　农村小学数学教师学生品行养成理论知识得分情况

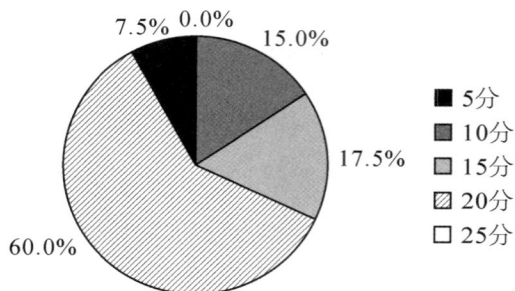

图 2-3　农村小学数学教师小学生认知发展规律知识得分情况

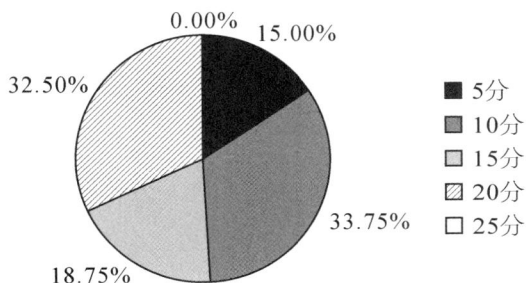

图 2-4　农村小学数学教师课程标准和教学知识得分情况

在教育教学基本理论知识部分,得20分即答对4题的教师占45.0%,仅有11.3%的教师对这部分题目做全对。与教育教学基本理论知识得分情况形成强烈对比的是学生品行养成理论知识得分。对于该部分知识,60.0%的教师拿到了满分,剩下的40.0%则错了一题。有关小学生认知发展规律知识,只有15.0%的教师得到了10分,17.5%的教师得到了15分,剩余的教师都能答对4题或5题。而针对课程标准和教学知识的题目,在被调查对象中,没有一位教师全对,答对4题及答对2题的教师占了大多数。

基于这样的情况,笔者认为,无论是处在"生存关注"阶段的新教师,还是处在"任务关注"阶段和"自我更新关注"阶段的老教师,每天都会与小学生相处,接触到的学生存在个体差异,对于学生的品行养成知识的实际体验会比另外三方面要多。对学生的品行养成这方面知识,教师们不仅有理论的学习,更有学校生活中的体验。因此,教师关于学生品行养成理论知识的得分会较高。

第二,随着教龄的增长,教师对教育教学基本理论知识的掌握越来越差。

随着教龄增长,教师对教育教学基本理论知识的掌握开始逐渐减弱,出现这样的现象,与不同教龄段的教师所处的职业发展阶段有着密切的关系。首先是那些刚进入工作岗位的新教师,在正式进入教师岗位之前,他们经历了教师生涯中的"非关注"阶段与"虚拟关注"阶段。所谓"非关注"阶段,就是指教师在正式进入教师教育之前的阶段，在这一阶段将会学习到大量的、系统的科学文化知识，这为进入师范教育奠定基础。接着是"虚拟关注"阶段，这一阶段，其接受了师范教育，学习了大量有关教育教学基础知识以及其他有关教学的课程，为今后就业以及进入教师职业后进一步发展打下基础。与此同时，在该阶段，师范生开始进入实习阶段，也是将所学的理论知识付诸行动的阶段。可以说"虚拟关注"阶段是教师学习和积累教育教学基础知识的关键期。因此，对于进入工作岗位不久的新老师，教育教学基本理论知识的水平相较于其他教师会更有优势。但是，随着教龄的增长，教师们对于教育教学基础理论知识开始慢慢淡忘。随着教龄增长，教师的教学逐渐形成自己的模式，已将一些基本理论内化于自己的教学过程中，并不会再去记起现有实践活动的理论依据是什么，这也成为了新教师在教育教学基本理论知识上的得分高于老教师的一个客观因素。

没有理论知识的支撑将对教师的教学效果产生一定的负面影响。在小学数学课堂中，教学是教师教与学生学的互动过程，教师将各类知识相互融合、均衡配比，才能实现有效教学。教师在教学生涯中不应只关注学生的品行发展，不应只看到学生认知之间的差异，也要有一定教育教学理论知识的支撑。理论知识的学习对教师而言必不可少。教育教学理论基本知识就像一块导向牌，它会告诉老师每走一步的理由是什么，怎样做最有利于学生和自身的发展。没有扎实的教育教学知识支撑，教师就无法为学生"传道、授业、解惑"。教师的教学应该尊重学生的身心发展的顺序性、阶段性、不平衡性与个体差异性。而少了教育教学理论知识的支撑，教师很难自主进行有的放矢的教学。要想在最短的时间内让学生领会知识、巩固知识和运用知识，教师应将教育教学知识的各方面有机结合，缺一不可。而现实中确实存在很多教师只注重教学过程，忽视自身教学知识的积累与发展的情况。

对于农村小学数学教师整体教育教学基础知识薄弱的情况，学校可以适当开展相关培训,指导教师的发展。同时,每位教师也应该重视教育教学理论知识,有良好理论知识的指导,才能更好地开展教育教学活动。

(二)城市小学数学教师教育教学知识的整体情况分析

以城市小学数学教师的教龄、最高学历及职称作为自变量,四块知识分别获得的分数作为因变量进行数据分析,各个自变量对教师教育教学知识水平的影响并不明显,四块知识之间的得分有着显著的差异。

1. 城市教师在教育教学基本理论知识、学生品行养成理论知识、小学生认知发展规律知识上的得分情况好于在课程标准和教学知识上的得分

前面三块知识的得分集中在15—25分,大部分教师都能全对,或错1题。而课程标准和教学知识相关问题的得分主要集中在10—20分,也有小部分教师只答对1题,即只得了5分。具体数据如图2-5—2-8所示。

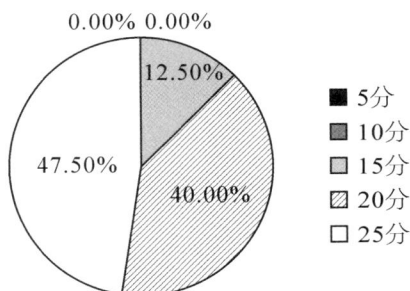

图2-5　城市小学数学教师教育教学基本理论知识得分情况

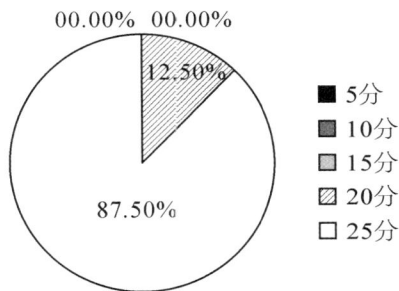

图2-6　城市小学数学教师学生品行养成理论知识得分情况

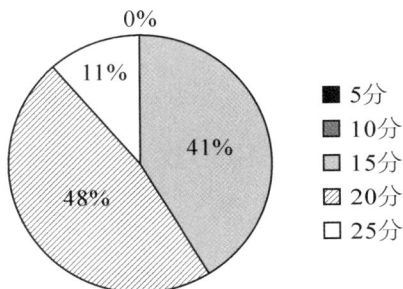

图2-7　城市小学数学教师小学生认知发展规律知识得分情况

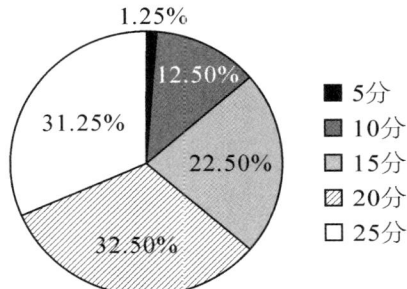

图2-8　城市小学数学教师课程标准和教学知识得分情况

形成这样的情况,有以下几种原因。第一,2011年颁布的《数学新课标》,一些在岗多年的老教师,还没有认真地研读,还没有真正成为他们教学的指导用书。对课标没有细细地阅读,会导致在课程标准和教学知识部分的得分降低。第二,教师对于《数学新课标》的忽视。《数学新课标》对教师的发展及教学的影响都是隐性的,学校也没有安排活动组织教师一起学习研读《数学新课标》,因此,教师容易忽视它的重要性。第三,在进入正式教学工作后,教师由于教学工作忙碌,并不会花很多时间认真阅读新课标。与此同时,农村学校和地方教育部门对新课程实施的轻视同样影响着教师对新课标知识的学习。

在课程标准和教学知识板块中,第三题的出错率很高。第三题:"数学课程的总目标从四方面进行具体阐述,分别是知识技能、数学思考、(　　)、情感态度。"答错的人当中87.7%的人认为应该选"过程与方法",还有12.3%的人认为应该选"数与代数"。《数学新课标》中明确指出,课程总目标从知识技能、数学思考、问题解决、情感态度四个方面具体阐述。之所以会有很多教师选择"过程与方法",是因为数学课程的总目标从三个维度展开:知识与技能、过程与方法、情感态度与价值观。在已知的题目中,有"知识技能"与"情感态度",所以很多教师误以为括号中应该填的是"过程与方法"。另外,选"数与代数"的教师将数学中的四大领域与课程目标具体阐述的四个方面混淆。小学数学课程中的四大领域包括数与代数、图形与几何、统计与概率、综合与实践,这是小学数学知识的四个模块。

城市小学数学教师在《数学新课标》与教学知识上的积累较弱,因此,在日常教学中,应该加强对《数学新课标》的研读,将实际教学与课标中的要求结合,让《数学新课标》真正成为教学的指导性文件。

2. 对小学生认知发展规律知识的学习仍有所欠缺

第一,在被调查的80位教师中,有17.5%的人认为小学生由具体形象思维向抽象逻辑思维过渡是在小学五年级,32.5%的人认为是在二年级。从中可以看出城市教师对小学生思维发展的关键时期了解有限。研究表明,小学生的具体形象思维向抽象逻辑思维过渡是在四年级,教师教学时应把握好其思维转变的关键期。

第二,在有关小学生认知发展规律知识的题目中,20%城市教师不能区别聚合思维与发散思维。聚合思维又称求同思维、集中思维,是把问题所提供的各种信息集中起来以得出一个正确的或最好的答案的思维方式。例如,学生从各种解题方法中筛选出一种最佳解法;工程建设中把多种实施方案经过筛选和比较找出最佳的方案等。而发散思维又称求异思维、辐射思维,是从一个目标出发,沿着各种不同途径寻求各种答案的思维方式。例如数学中的"一题多解"。小学数学课堂练习中设计的"提高练习"不仅是为了巩固课上所学知识,更是为了培养学生的发散思维。把握学生身心发展的规律,教师才能更好地因材施教,促进学生全面发展。忽视学生的个性特点,直接地、机械地灌输的活动并不能称为教育。真正的教育是由学生作为学习的主体,教师作为组织者、引导者与合作者,双方相互交融发展的传递知识经验的活动。

(三) 农村与城市小学数学教师教育教学知识比较与分析

1. 两者的共同点

(1) 对教育教学理论知识不重视。

城乡小学数学教师在教育教学基本理论知识上的平均得分为18.14分。比学生品行养成理论知识的平均得分低了5.39分。这说明城乡小学数学教师的教育教学基本理论知识薄弱。而在农村小学数学教师当中,随着教龄的增长,教育教学理论知识的水平会变低。

①理论知识与实际教学相脱离。在日常教学中,我们不难发现,在上几

何课时,数学教师会使用教具帮助学生生动形象地理解知识。借助教具教学的方法称为演示法,而很多教师误以为教师利用教具向学生展示图形的特征是一种实验,所以他们认为利用教具展示进行教学为实验法。数学教学中的实验法是指学生在教师的指导下利用实验器材进行实验,发现事物之间变化规律的教学方法。演示法与实验法的本质区别在于,演示法由教师呈现教具、模型、多媒体课件等,而实验法是由学生实验得到结果。我们可以发现,在小学数学教学活动中,常见教师在课堂上利用教具教学,但很多教师并不知道该行为的理论依据是什么。

②对教育教学基本理论知识了解不足。在有关教育教学基本理论知识的题目中,有3题是有关教师专业发展的问题。被调查的城乡教师的正确率分别83.75%、68.75%、96.25%。其中有一题将教育教学基本理论知识与学生的身心发展规律相结合,此题的正确率较低,为68.75%。

(2)教师对新课标的研读较少。

随着新课程改革的推进,小学数学课程与教学也在不断发生变化。小学数学教师要想跟得上课程与教学的发展,就要认真研读新课标,对新课标中提出的意见和建议进行理解,让新课标服务于教师的教学。但是经过问卷调查与分析笔者发现,城乡小学数学教师对新课标的理解并不深刻。

①对新增的知识不熟悉。随着课改的进行,新课标中的新知识逐渐增多。例如,新课标中新加入了十大核心词:数感、符号意识、空间观念、几何直观、数据分析观念、运算能力、推理能力、模型思想、应用意识、创新精神。被调查的城乡160名教师中,37.5%的教师认为画线段图是为了培养小学生的空间观念,3.75%的教师认为画线段图是为了培养数感。这部分教师没有理解数感、空间观念和几何直观的概念。数感是指对数与数量、数量关系、运算结果估计等方面的感悟。而空间观念是指根据物体抽象出几何图形,根据几何图形想象出所描述的实际物体的观念。几何直观是一种学习手段,

主要是指利用图形描述和分析问题。学生画线段图正是为了解决问题。

②对课程标准与教学知识的理解不全面。从课程标准与教学知识得分分布情况来看,这块知识得高分的人相比其余三块都要少,农村教师中没有人得满分,大部分得10—20分。由此可见,教师对新课标有或多或少的了解,但要深入地理解、将课标融入教学过程中,仍然存在一定困难。

2. 两者的区别

(1)从总体得分情况看,城市小学数学教师在教育教学基本理论知识、小学生认知发展规律知识、课程标准与教学知识这三块的总体得分要高于农村小学数学教师,而学生品行养成有关知识得分无显著差异。具体如表2-3—2-5所示。

表2-3　城乡教师的教育教学知识得分占其总人数百分比情况

教育教学基本理论知识得分	5分	10分	15分	20分	25分
农村小学数学教师	7.5%	3.75%	37.5%	41.25%	10%
城市小学数学教师	0	0	12.5%	38.75%	48.75%

表2-4　城乡教师的小学生认知发展规律知识得分占其总人数百分比情况

小学生认知发展规律知识得分	5分	10分	15分	20分	25分
农村小学数学教师	0	15%	18.75%	56.25%	10%
城市小学数学教师	0	2.5%	41.25%	47.5%	8.75%

表2-5　城乡教师的课程标准和教学知识得分占其总人数百分比情况

课程标准和教学知识得分	5分	10分	15分	20分	25分
农村小学数学教师	15%	33.75%	18.75%	32.5%	0
城市小学数学教师	0	10%	22.5%	36.25%	31.25%

(2)农村教师对教育教学知识的认知过早进入衰退阶段,城市教师对教育教学知识的掌握较为牢固。

对于农村教师而言,他们经过多年的教学,对于教材内容、学校的管理制度等客观因素都已经熟悉。同时,小学数学教师大部分时间都从事数学学科的教学,对教材的内容已经了如指掌,不必像新老师那样花大量的时间去备课。学校、家长、社会给予的压力也相对较小,因此,农村教师的整个状态会显得很安逸。另外,还可能由于自身所处的教学环境中的各种因素影响,例如家长不配合、学生上课表现差、教学设施设备差等开始对教学失去兴趣。参加培训或进修时也只是应付了事,没有真正投入其中认真地学。因此,教育教学知识水平不进反退。

相较于农村教师,首先在教学设施设备上,城市教师就会有更大的优势。在城市中,教师可以更加方便地借取图书进行自我提升。同时学校也会开展各种各样的在职教育,部分城市学校还会将教师听课的节数当做教师考核的一项指标,促进了教师的学习。第二,在教育教学知识上,城市教师的起点普遍比农村教师高。无论是农村还是城市的小学数学教师,都是通过地方组织的教师就业招聘考试进行就业的。教师选取学校时,大部分地区都是按照分数从高到低排列选择顺序的,因此,留城里的教师普遍比在乡下的教师整体素质高。第三,城市教师面临各方面的压力。城市的教师会面临来自学校教学工作的压力、家长的压力、学生学业的压力等。城市教师每天都面临着繁重的学校教育教学工作,教师考核制度也相对较严格。而学生的学习成绩、品行的好坏也在很大程度上影响着教师在学生、家长、学校领导心中的形象。各方面的压力鞭策着城市教师的发展。教师努力让自己成为好教师,不断地学习和成长。

（3）农村小学数学教师的知识结构较不完善,特别是对教育教学基本理论知识的掌握较差。

调查显示,农村小学数学教师在教育教学基本理论知识、课程标准和教学知识上的得分较低,而在学生品行养成理论知识和小学生认知发展规律知识上的得分与城市教师差距并不是很大。说明教师们注重教学实践，却忽视了教育教学理论知识的重要性；注重课堂上的教学效果，但并没有对自己的教学实践经验进行反思与总结；同时也忽视了课标在教学实际中的指导作用。

此次问卷调查发现：第一，城乡小学数学教师对小学生品行养成知识的掌握情况较好，双方差距不大；第二，农村小学数学教师随着教龄的增长，对教育教学基本理论知识的掌握越来越差，而城市教师依旧良好；第三，城乡小学数学教师对教育教学知识的实践能力均较弱。

三、对策与建议

城乡小学数学教师教育教学知识的发展关系着我们祖国的未来，调查城乡小学数学教师教育教学知识现状有助于了解城乡教育在师资上的差异，有利于城乡教育的均衡发展。根据城乡小学数学教师的知识发展特点及城乡小学教师所在教学环境的差异，就提升教师的教育教学知识水平，本章提出以下建议。

(一) 使终身学习的理念深入人心

终身教育是教育发展的一个趋势，终身教育认为教育是一个从出生到生命终止不断进行的过程。终身教育为不同年龄、不同程度、不同条件、不同需要的人提供了在不同的情况下展开学习的机会，因此，终身学习成为世界各国普遍倡导的一种教育理念。每位教师都应当树立起终身教育的理念，促进自身的专业成长。教师专业成长包括了教师在整个专业生涯中依托专业组织、专门的培养制度和管理制度，通过持续的专业教育，习得教育教学专业技能，形成专业理想、专业道德和专业能力，从而实现专业自主的过程。

教师专业发展应当是一个动态、长期、持续的过程，更是一项终身事业。

（二）政府政策的保障、学校的激励机制与教师的积极参与相结合

通过此次问卷调查，我们发现农村教师与城市教师在教育教学知识掌握情况上确实存在较大的差距。不能否认的是，在教学设施设备方面，城市学校会优于农村学校。这也是城乡教师教育教学知识水平存在差异的原因之一。同时，农村教师教育教学知识的提升也可能受到学校、地方教育主管部门领导思想观念的影响。政府不能提供好的帮助、学校自身对教师参加在职培训等一些教育教学活动的轻视，令一些有上进心的小学教师望而却步，挫伤了其自我提升的积极性。

多种客观因素影响着农村小学教师的发展。因此，农村教师自身应树立良好的受教育观，确立坚定的教师专业理想，专业理想将为教师的发展提供动力，会使教师对教学产生强烈的期待。此外，教师应充分利用现实中的教学资源，进行及时自我教育。学校应鼓励教师积极参加教师在职教育，重视在职培训的重要性，对于那些在培训中表现好的教师要及时奖励，以激发教师接受教育的主动性与积极性。同时，学校也可以将教师教育教学知识的提升作为教师业绩考核的内容之一，从多方面引起教师对教育教学知识的重视。教育行政部门可以在适当的时间给予一些农村学校参加教师在职培训的经费，在资金上满足农村学校的需求。另外，地方教育行政部门应根据当地教育发展状况创造一些适合农村教师成长的机制，如末尾淘汰制、择优录用制、对在教育科研上有突出成就的教师实施奖励等，引导越来越多的教师参与到专业发展中来。

（三）城乡小学数学教师应加强学习，积极反思

通过调查发现，无论是城市还是农村的小学数学教师对于教育基础理

论知识和《数学新课标》的学习都是不充分的。教师的教育工作区别于其他的工作，教师的教育应基于学生的发展，以学生为本。教师的教育工作不仅要考虑知识的传输效率，更要考虑学生身心发展的现状，结合学生个性发展的教育才是好的教育。这就要求教师不仅要具备专业的教育学、心理学知识，更要善于将教育基础理论知识用于实践。

另外，《数学新课标》是教师进行数学课堂教学的指导性文件。它体现了国家对不同阶段学生在知识与技能、过程与方法、情感态度与价值观等方面的基本要求，规定了数学课程的性质、目标、内容框架，提出了对教学和评价的建议，为小学数学教师的教学提供教学依据。对《数学新课标》的忽视会使教师跟不上新课改的潮流，对课程缺乏应有的理解。因此，每位教师都应该认真阅读课标，积极把握身边的教学资源，提升教学质量。

德国著名教育家第斯多惠指出："教师本人是学校里最重要的师表，是最直观、最有效益的模范，是学生最活生生的榜样。""什么样的教师，教出什么样的学生"，一位优秀的教师一定能以正能量感染学生。因此，作为教师，应该不断提升自身的教育教学水平，坚持不懈地学习教育教学知识，不断完善自身，加快专业自我的形成。

第二节 小学生发展知识提升策略

　　小学教师是履行小学教育教学工作职责的专业人员,需要经过严格的培养和培训,具有良好的职业道德,掌握系统的专业知识和专业技能。2012年,教育部下发的《小学教师专业标准 (试行)》明确了一名小学教师专业素质的基本要求,其中对小学教师的专业知识进行了明确的规定,小学生发展知识就是专业知识的第一部分内容。不论是专业标准还是"新课程"理念,都体现了以学生为本的思想,所以,小学生发展知识是教师的必修内容。因此,了解小学数学教师对小学生发展知识掌握的情况具有一定迫切性。

一、研究对象及方法

(一)研究对象

　　调查抽样对象为在金华市开发区东苑小学、江滨小学2所城市小学和洋埠小学、汤溪小学、厚大小学3所农村小学担任小学数学教学的教师。共发放问卷100份,排除信息不完整等无效问卷后,获得城乡小学有效问卷分别为39份、48份。调查对象的人口学特征见表2-6。

表 2-6　研究对象的人口学特征统计表

（单位：人）

对象	性别		教龄				学历			
	男	女	1—3 年	4—8 年	9—15 年	16 年以上	中专	大专	本科	研究生
农村小学	15	24	8	6	7	18	7	19	13	0
城市小学	9	39	2	4	15	27	3	3	42	0

（二）研究工具

研究工具是根据浙江省中小学教师招聘考试说明编写的"小学数学教师掌握小学生发展知识情况"测试问卷。小学生发展知识包括：了解关于小学生生存、发展和保护的有关法律法规及政策规定；了解不同年龄及有特殊需要的小学生身心发展特点和规律，掌握保护和促进小学生身心健康发展的策略与方法；了解不同年龄小学生学习的特点，掌握小学生良好行为习惯养成的知识；了解幼小和小初衔接阶段小学生的心理特点，掌握帮助小学生顺利过渡的方法；了解对小学生进行青春期和性健康教育的知识和方法；了解小学生安全防护知识，掌握针对小学生可能出现的各种侵犯与伤害行为的预防与应对方法。将这六部分内容分为五个模块，分别是法律法规及安全防护；小学生身心发展规律；良好行为习惯养成；幼小和小初衔接阶段心理特点；青春期和性教育。将第一部分内容和第二部分内容放同一模块研究，一是因为在翻阅浙江省教师招聘考试真题时，发现法律法规和安全防护相关内容有重合之处，如《浙江省中小学校学生人身安全事故预防与处理办法》既是法律法规，又与安全防护有关；二是掌握法律法规是进行安全防护的前提。每模块均有5道题目，共25题，每题4分。

二、相关数据处理及研究结论

(一)法律法规及安全防护知识

伤害和侵犯行为经常发生在儿童、青少年群体中,包括故意踢、打、推或者其他伤害他人身体和心理及侵犯学生合法权益等的行为。伤害和侵犯行为造成的后果是不可小觑的,那些被伤害和侵犯的学生容易产生悲观绝望的情绪,容易自卑,形成消极厌世的性格。近年来,经常有新闻报道某小学教师或学校侵犯了学生的合法权益,侮辱学生人格、体罚学生,有些学校甚至出现了学生自杀现象。所以,教师了解法律法规及安全防护知识是非常必要的。

表2-7显示,对于法律法规及安全防护知识,10.4%的城市小学数学教师得20分(即5题全答对),52.1%的城市小学数学教师得16分,25.0%的城市小学数学教师得12分,12.5%的城市小学数学教师得8分,可见,87.5%的城市小学数学教师比较好地掌握了这块知识。得20分、16分和8分的农村小学教师均有23.1%,得4分的农村小学教师有7.7%,剩下2.5%的农村小学教师得了0分,可见,大约66.7%的农村小学教师比较好地掌握了这块知识。

表 2-7 "法律法规及安全防护知识"的得分统计表

(单位:%)

得分	20分	16分	12分	8分	4分	0分
城市小学	10.4	52.1	25.0	12.5	0	0
农村小学	23.1	23.1	20.5	23.1	7.7	2.5

从图2-9中可以发现,城市小学数学教师在"法律法规及安全防护知识"项的得分比例呈正态分布,16分为最高峰;农村小学数学教师在"法律法规及安全防护知识"项的得分分布则比较平均,少数出现了4分和0分。可见,

城乡小学数学教师对法律法规及安全防护知识都掌握得不错。从图中还可知，城市小学数学教师得20分、8分、4分、0分的百分比低于农村小学教师，得16分、12分的百分比高于农村小学数学教师，可见，城市小学数学教师对法律法规及安全防护知识的掌握情况比农村小学数学教师好。

出现这种情况的原因可能是：一是现代社会是法治社会，小学数学教师也不可避免地要学习法律法规及安全防护知识，所以小学数学教师扎实地掌握了这一模块的知识；二是城市小学比农村小学更加重视这一模块的知识，城市小学数学教师也比农村小学数学教师更加有意识地去学习这块知识，所以城市小学数学教师这块知识掌握得比农村小学数学教师好。

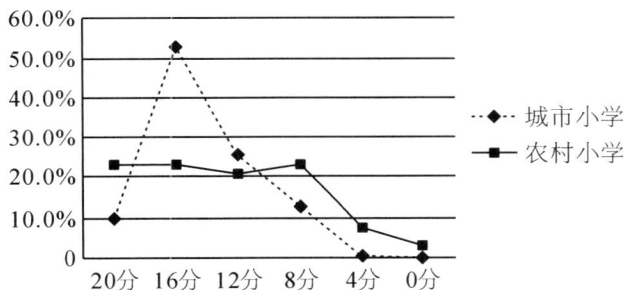

图2-9　城乡小学数学教师"法律法规及安全防护知识"得分率统计图

在关于法律法规及安全防护知识的题目中，第5题的错误率最高，各题错误率统计见图2-10。

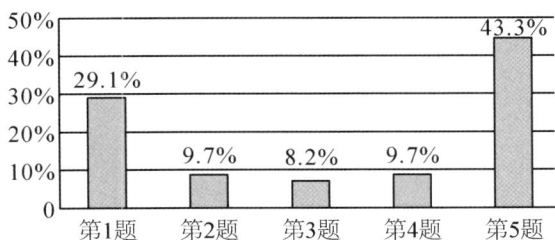

图2-10　"法律法规及安全防护知识"各题错误率统计图

第5题题目为:"《浙江省中小学校学生人身安全事故预防与处理办法》认定,学校对学生安全负有的职责是(　　)。A.教育、监管和保护;B.教育、教学和监护C.教育、管理和保护;D.教育、劝导和监管。"回答错误的人当中,20.3%选择了B选项,66.1%选择了C选项,剩下的13.6%选择了D选项。《浙江省中小学校学生人身安全事故预防与处理办法》明确规定了学校对学生安全负有教育、监管和保护的职责。选择C选项的教师可能将"监管"和"管理"两词混淆了,"监管"有"监督管理"之意,学校和教师要对小学生进行监督管理。这表明小学数学教师对学校应该对学生安全负有的职责并不清楚,对法律法规知识掌握的深度不够。

(二)小学生身心发展规律知识

小学生正处于身心发展的重要时期,其身体不断发育,心理不断成长。小学生身心发展有其特有的规律,认识并尊重这些规律,才能帮助教师理解学生的各种行为,才能在教育教学中有序地、有针对性地渗透维果茨基提倡的"教学走在发展前面"理念。同时,小学生的注意力也是随着年龄的增长而变化的,低年级学生注意力只能维持15分钟左右,中高年级学生可达到20—25分钟。注意的类型也不同,低年级学生主要以无意注意为主,中高年级学生的有意注意得到快速发展。了解小学生身心发展规律,有利于教师选择教学手段、教学方法,合理安排教学进度。

表2-8显示,对于小学生身心发展规律知识,得20分和16分的城市小学数学教师为0人,18.8%的城市小学数学教师得12分,60.3%的城市小学数学教师得8分,16.7%的城市小学数学教师得4分,还有4.2%的城市小学数学教师得0分。可见,仅约18.8%的城市小学数学教师比较好地掌握了这块知识。得20分的农村小学教师为0人,10.3%的农村小学教师得16分,25.6%的农村小学教师得12分,41.0%的农村小学教师得8分,20.5%的农村

小学教师得4分，2.6%的农村小学教师得了0分。可见，大约35.9%的农村小学教师比较好地掌握了这块知识。

表2-8　"小学生身心发展规律"的得分统计表

（单位：%）

得分	20分	16分	12分	8分	4分	0分
城市小学	0	0	18.8	60.3	16.7	4.2
农村小学	0	10.3	25.6	41.0	20.5	2.6

从图2-11可知，城乡小学数学教师在小学生身心发展规律知识上的得分比例都呈正态分布，8分为最高峰，由此可见，城乡小学数学教师对小学生身心发展规律知识掌握得都不够。从图2-11还可得出，调查对象中没有人得20分，城市小学数学教师得16分、4分的百分比低于农村小学数学教师，得12分、8分、0分的百分比高于农村小学数学教师。数据显示，农村小学数学教师对小学生身心发展规律知识掌握得比城市小学数学教师好。

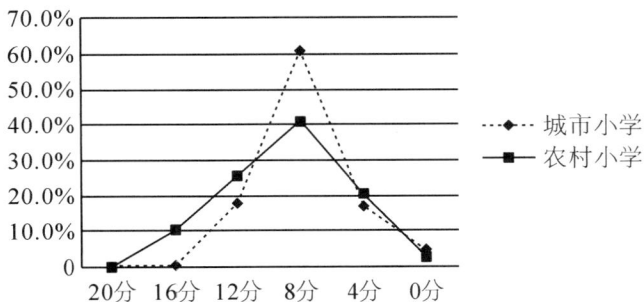

图2-11　城乡小学数学教师"小学生身心发展规律知识"得分率统计图

为什么会出现这样的现象呢？一是小学数学教师在平时与学生互动时，能够了解一些小学生身心发展规律，但是知识零碎，不成体系，缺乏理论支撑，所以城乡小学数学教师对小学生身心发展规律知识掌握得都不够；二是城市小学数学教师知道一些零碎的知识后，往往就不再去深入研究，而农村小学数学教师在与学生的交往中发现自己并不清楚该模块的知识，反而会主动去看书,增长这方面的知识。

在关于小学生身心发展规律知识的题目中,第7题的错误率最高,具体统计见图2-12。

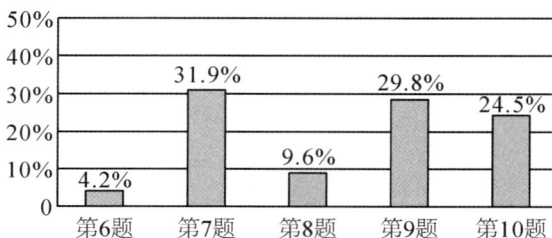

图2-12 "小学生身心发展规律知识"各题错误率统计图

第7题题目为:"下列选项中,不属于小学生身体发育特征的是( )。A.脑细胞分化基本完成;B.骨骼逐渐骨化,肌肉力量增强;C.心跳速度减慢,呼吸力量增强;D.生殖器官发育,性激素水平升高。"回答错误的人当中,63.3%的小学数学教师选择了A选项,16.7%选择了B选项,剩下的20%选择了C选项。正确答案应是D选项。性激素水平升高是青春期(初中生)的身体发育特征。这说明小学数学教师对小学生身体发育特征知识掌握不够好,平时不注意观察小学生身体发育特征。

(三)良好行为习惯养成知识

叶圣陶先生认为,社会主义社会的教育,就是要培养学生在社会主义社会里生活的一切良好习惯。在德育方面,要养成待人处世和工作的良好习惯;在智育方面,要养成寻求知识和熟悉技能的良好习惯。我国小学生的培养目标要求,要培养小学生的良好行为习惯。而且小学生的模仿能力很强,这就要求教师要做好榜样。所以,教师了解小学生良好行为习惯养成知识是非常有必要的。

表2-9显示,对于良好行为习惯养成知识,得20分的城市小学数学

教师为0人，27.1%的城市小学教师得16分，14.6%的城市小学教师得12分，29.1%得8分，25%得4分，还有4.2%的城市小学教师得0分。可见，约41.7%的城市小学数学教师比较好地掌握了这块知识。得20分的农村小学教师为0人，5.1%的农村小学教师得16分，28.2%的农村小学教师得12分，33.3%的农村小学教师得8分，25.6%的农村小学教师得4分，剩下7.8%农村小学教师得了0分。可见，约33.3%的农村小学数学教师比较好地掌握了这块知识。

表2-9　"良好行为习惯养成知识"的得分率统计表

（单位：%）

得分	20分	16分	12分	8分	4分	0分
城市小学	0	27.1	14.6	29.1	25.0	4.2
农村小学	0	5.1	28.2	33.3	25.6	7.8

从图2-13中可以发现，城市小学数学教师在"良好行为习惯养成知识"方面的得分分布呈低—高—低—高—低状，8分为最高峰；农村小学数学教师的得分则呈正态分布，8分为最高峰。由此可见，城乡小学数学教师对小学生良好行为习惯养成知识掌握得不够。从图中还可知，调查对象中没有得20分的，城市小学数学教师得16分的百分比高于农村小学数学教师，得12分、8分、0分的百分比低于农村小学数学教师。由此可见，城市小学数学教师对小学生良好行为习惯养成知识掌握得比农村小学数学教师好。

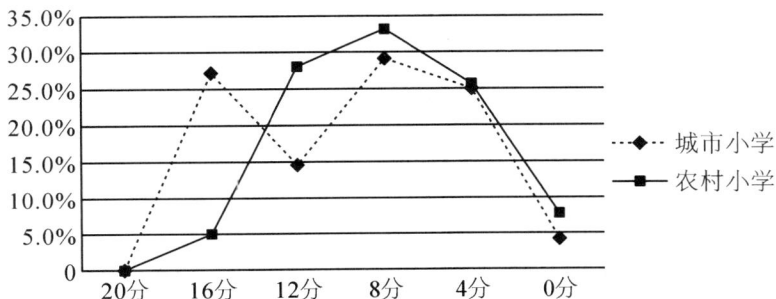

图2-13　城乡小学数学教师"良好行为习惯养成知识"得分率统计图

出现这种现象的原因可能是小学数学教师认为日常行为习惯知识是学生要了解的知识，与教师无关，所以大多数小学数学教师没有重视学习这方面知识，故调查中小学数学教师没有人得20分。而城市小学数学教师平时与学生的接触比农村小学数学教师多，因此，从整体看，城市小学数学教师在此项目上得分高于农村小学数学教师。

在关于良好行为习惯养成知识的题目中，第15题的错误率最高，具体统计见图2-14。

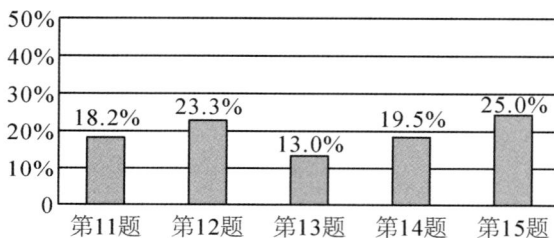

图2-14　"良好行为习惯养成知识"各题错误率统计图

第15题题目为："眼睛离书本的距离（　），身体离课本的距离（　），手指与笔尖的距离（　）。A.一尺，一寸，一拳；B.一尺，一拳，一寸；C.一寸，一尺，一拳；D.一寸，一拳，一尺。"回答错误的小学数学教师均选择了A选项。可见小学数学教师将"一寸"和"一拳"混淆。对于这种容易遗忘或混淆的日常行为规范，可以采用编儿歌的方式帮助记忆。

（四）幼小和小初衔接阶段心理特点知识

小学阶段是儿童制度化教育的开始，儿童的生活也在此时发生了翻天覆地的变化。比如：在休息时间方面，幼儿园期间，儿童一天的睡眠时间为11—12小时，而到了小学，睡眠时间一般为9—10小时，两者相差2个小时；在学习时间方面，幼儿园期间儿童学习时间为1—2个小时，每节课25—30分钟，而小学生则是4—5个小时，每节课40—45分钟。所以，有必要了解幼小和小初衔接阶段儿童的心理特点，从而使教师能够采取必要的措施、方法和途径，对小学生进行心理引导。

表 2-10　"幼小和小初衔接阶段心理特点知识"的得分统计表

（单位：%）

得分	20 分	16 分	12 分	8 分	4 分	0 分
城市小学	0	0	6.3	52.1	29.1	12.5
农村小学	0	0	5.2	33.3	33.3	28.2

表2-10显示，对于幼小和小初衔接阶段心理特点知识，得20分、16分的城市小学数学教师为0人，6.3%的城市小学教师得12分，52.1%的城市小学教师得8分，29.1%的城市小学教师得4分，还有12.5%的城市小学教师得0分。可见，仅6.3%的城市小学数学教师比较好地掌握了这块知识。得20分、16分的农村小学教师为0人，5.2%的农村小学教师得12分，33.3%的农村小学教师得8分，33.3%的农村小学教师得4分，剩下28.2%的农村小学教师得了0分。可见，仅约5.2%的农村小学数学教师比较好地掌握了这块知识。

从图2-15中可知，城市小学数学教师在"幼小和小初衔接阶段心理特点知识"上的得分呈正态分布，8分为最高峰；农村小学数学教师在"幼小和小初衔接阶段心理特点知识"上的得分则较低。可见，城乡小学数学教师对幼小和小初衔接心理特点知识掌握得较一般。从图中还可知，城乡小学数学教师得20分、16分人数都为0，得8分的百分比高于农村小学数学教师，

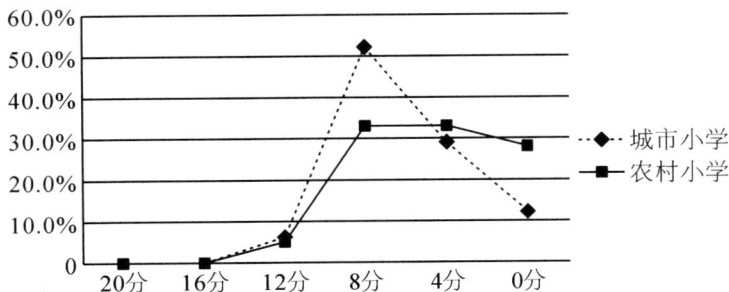

图 2-15　城乡小学数学教师"幼小和小初衔接阶段心理特点知识"得分率统计图

得4分、0分的百分比低于农村小学数学教师。可见,城市小学数学教师对幼小和小初衔接心理特点知识掌握得比农村小学数学教师好。

出现这种现象的原因可能是小学对衔接阶段的心理教育知识不够重视,小学数学教师普遍持"只要知道一些小学生的心理特征就够了"的观点,而城市小学数学教师比农村小学数学教师有更多的机会接触到衔接阶段的心理教育知识,所以城市小学数学教师对幼小和小初衔接阶段心理特点知识掌握得比农村小学数学教师好。

在关于幼小和小初衔接阶段心理特点知识的题目中,第20题的错误率最高,具体统计见图2-16。

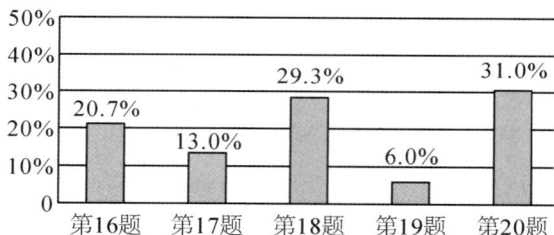

图2-16 城乡小学数学教师"幼小和小初衔接阶段心理特点知识"各题错误率统计图

第20题题目为:"儿童多动症的高发年龄为( )。A.4到5岁;B.5到6岁;C.6到8岁;D.8到10岁。"回答错误的人当中,8.3%的小学数学教师选择了A选项,25%的小学数学教师选择了B选项,66.7%的小学数学教师选择了C选项。可见,多数小学数学教师认为儿童多动症高发期是在幼小衔接阶段,其实不然,儿童多动症高发期是在二三年级。这表明小学数学教师对小学生的心理特征理解不够全面,常凭自己的主观臆测。

(五)青春期和性教育知识

有研究表明,当前青少年青春期时间渐渐提前,很多学生在小学中高段已经显露出青春期特征,比如女性初次来潮等。生理特征一出现,心理问题便随之而来，青春期男女生之间的交往也是值得注意的问题。若没有处理好，学生可能会养成不正常的恋爱观，影响一生。所以，小学教师了解关于青春期和性教育的知识是非常必要的。

表2-11显示，关于青春期和性教育知识的题目，55.2%的城市小学教师得20分，38.5%的城市小学教师得16分，得12分、8分、0分城市小学教师都为2.1%，得4分的城市小学教师为0人。可见，大约95.8%的城市小学数学教师比较好地掌握了这块知识。48.7%的农村小学教师得20分，30.8%的农村小学教师得16分，得12分、0分的农村小学教师是7.7%，得8分的农村小学教师为0人，5.1%的农村小学教师得4分。可见，大约87.2%的农村小学教师比较好地掌握了这块知识。

表 2-11　"青春期和性教育知识"的得分统计表

（单位：%）

得分	20分	16分	12分	8分	4分	0分
城市小学	55.2	38.5	2.1	2.1	0	2.1
农村小学	48.7	30.8	7.7	0	5.1	7.7

从图2-17可以看出，城乡小学数学教师在"青春期和性教育知识"上的得分情况较好，可见，城乡小学数学教师对青春期和性教育知识掌握得不错。从图2-17中还可知，城市小学数学教师得20分、16分、8分的百分比高

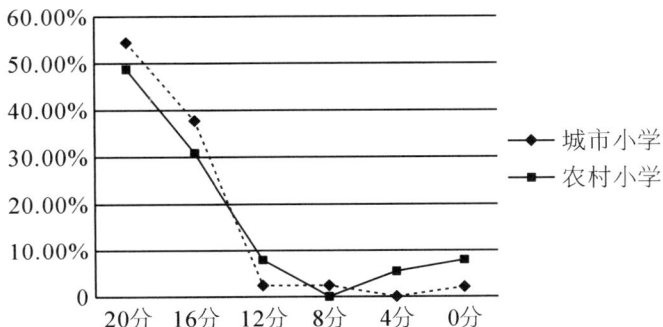

图 2-17　城乡小学数学教师"青春期和性教育知识"得分率统计图

于农村小学数学教师,得12分、4分、0分的百分比低于农村小学数学教师,可见,城市小学数学教师对青春期和性教育知识掌握得比农村小学数学教师好。

为什么会出现这种情况?可能是因为小学数学教师自己也经历过青春期,比较了解该方面的内容,在生活中也容易获得性教育知识。

在关于青春期和性教育知识的题目中,第22题的错误率最高,具体统计见图2-18。

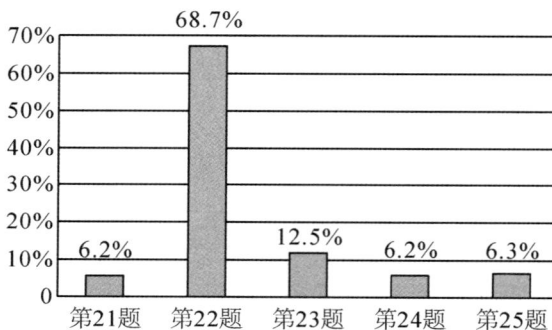

图2-18 城乡小学数学教师"青春期和性教育知识"各题错误率统计图

第22题题目为:"关于女性在月经期应注意的点,以下( )是不正确的。A.应注意外生殖器的清洁、经期不宜盆浴,可以淋浴;B.避免过劳,不宜吃生冷、酸辣、酒类等刺激性食物;C.多饮开水;D.不可以参加任何体育运动。"回答错误的人当中,9.1%的小学数学教师选择了A选项,9.1%的选择了B选项,剩下的81.8%选择了C选项。这表明小学数学教师对有关女性青春期的知识了解不够。

通过问卷调查、数据整理、分析,可以得出以下结论:

第一,小学数学教师较好掌握了法律法规及安全防护知识、青春期和性教育知识。

第二,小学数学教师的小学生身心发展规律知识、良好行为习惯养成知识、幼小和小初衔接阶段心理特点知识有待加强。

第三，城市小学数学教师对法律法规及安全防护知识、良好行为习惯养成知识、幼小和小初衔接阶段心理特点知识、青春期和性教育知识掌握得比农村小学数学教师好。

第四，农村小学数学教师对小学生身心发展规律知识掌握得比城市小学数学教师好。

三、对策与建议

针对以上结论中的城乡小学数学教师的不足之处，本书提出以下对策以解决相关问题。

（一）教师进行自我研修

为了迎接知识经济的挑战并适应我国实施素质教育的需要，教师有必要深刻意识到终身教育、终身学习对于教师自身专业发展的重要性。这便要求教师从自我强化的角度开展自我研修，进而完善、补充自身的知识体系。教师进行自我研修的途径至少有以下三个方面：

第一，系统整理自身关于小学生身心发展规律知识、幼小和小初衔接阶段心理特点的知识，从中发现自身的不足及弱项。

第二，在日常生活中积累关于小学生良好行为习惯养成的知识，多读《小学生日常行为规范》，寻找记忆的方法，比如编儿歌等。多与学生沟通，在教育实践中运用相关知识，培养学生的良好行为习惯。

第三，树立终身学习的理念，"一些优秀教师的教育技巧的提高，正是由于他们持之以恒地读书,不断地补充他们的知识的大海"[1]。

教师还可以通过搜索引擎进行关键词搜索与查询,访问专门为教师设立的相关网站,通过查询相关的各类网络资源,不断习得新的知识。例如,大量教育网站中提供了学生行为观察日记、小学生身心发展规律研究、幼小或小初衔接阶段学生易出现的问题研究等资料。教师也可以创建自己的私人空间,利用文字、视频、音频等方式,将自己日常观察小学生行为的日记、幼小或小初衔接阶段学生易出现的问题等上传发表,供其他教师或者感兴趣的网友进行交流。教师通过网络可以打破时间、空间的限制,拓宽交流的渠道。教师之间的交流、讨论、资源共享在网上进行,也使得学习共同体的构建成为可能。

(二)学校组织相关活动

第一,教学反思。教师在教学过程中应有意识地运用小学生身心发展规律知识、幼小和小初衔接阶段心理特点知识来观察学生、了解学生、与学生进行沟通、解决学生之间的问题,并在之后进行反思:有没有考虑到小学生的身心发展特征,小学生为什么出现这样的行为,班上有没有学生行为异常等。

第二,同伴互助。学校有必要发挥每个教师的特长,注重教师个体之间、个体与团体之间及团体与团体之间的互动,通过形式多样的教研活动,鼓励教师间相互讨论,实现优势互补。

第三,校本培训。在校本培训课程的设计中,城市小学可以开展关于小学生身心发展规律知识的读书交流会,农村小学可以开展关于幼小和小初衔接阶段心理特点知识的读书交流会。

---

① 苏霍姆林斯基:《给教师的建议》,教育科学出版社1984年版,第8页。

第 三 章

农村小学数学教师教研能力提升策略

第一节　教学能力提升策略

《乡村教师支持计划（2015—2020 年）》指出，要采取切实措施加强老少边穷岛等边远贫困地区乡村教师队伍建设，明显缩小城乡师资水平差距，让每个乡村孩子都能接受公平、有质量的教育。农村小学数学教师是农村小学教师群体中的重要组成部分，因此，对如何提升农村小学数学教师教学能力展开研究是非常必要的。

《数学新课标》将"综合与实践"明确列为四大学习领域之一。这一内容的设置出于以下两个目的：一是理解数学，试图通过"综合与实践"的教学，使学生认识到"数与代数""图形与几何""统计与概率"各版块之间的联系，以及各部分内容内部概念、原理和方法等之间的联系，从而加深对各部分知识的理解；二是认识数学在现实生活中的作用，培养学生综合运用有关的知识和方法解决实际问题的能力，培养学生的问题意识、应用意识和创新意识，使学生在解决现实问题的过程中体会到数学源于生活用于生活，并逐渐学会用数学的眼光发现生活中的数学问题。

虽然"综合与实践"的理念已被广大教师所接受，并且绝大多数的学校和教师能保证教材中"综合与实践"板块的教学（局限于教材中的内容），但教学的水平却参差不齐。这一领域的教学非常考验教师的教学能力。所以，在本节，笔者以城乡教师"综合与实践"板块教学的对比来研究农村小学数学教师的教学能力提升策略，具有一定的代表性。

一、研究对象及方法

（一）研究对象

本研究采用个案研究的方法，用于研究的两个案例均来自金华市开发区。

一个案例是金华市开发区某城市小学的X老师执教的"分扣子"课程。X老师是一位和蔼可亲、深受学生喜爱的老师，她已有15年的教学经验，在金华市数学优质课评比中获得过一等奖。X老师刚开始使用北师大新版教材，执教一年级，对新教材还处于摸索阶段。

另一个案例是金华市开发区某镇一所完小的P老师执教的"分扣子"课程。P老师是一位有多年教学经验的老师，在完小中包班执教一年级的数学、语文等课程。同样也是第一年使用北师大版新教材。

访谈则是以开发区所有小学数学教师为调查对象，抽取部分进行。

（二）研究方法

教师的教学策略和行为可以说明其所持的教育理念。因此，笔者分别录下两位教师执教的视频，整理成课堂实录，并在课后对两位教师进行访谈，了解她们上课前的准备工作及课后的反思等内容。又将案例的实施情况与《数学新课标》的要求进行对照，研究城乡小学数学"综合与实践"板块的教学现状。

首先，了解城乡小学数学教师对"综合与实践"的认识情况。以金华开发区小学数学教师为调查对象,先查阅相关的文献资料,再分别选取开发区城乡有多年教学经验的数学教师进行访谈。经过整理,比较分析城乡教师对"综合与实践"的认识。

其次,研究城乡小学数学"综合与实践"课的实际教学是否符合《数学新课标》中的要求。

最后,将城乡小学生"综合与实践"板块学习情况进行对比。根据学生在教学过程中的参与行为,分析学生的学习情况。参与行为包括学生的课堂表现和时间参与两个部分,前者可以用"专心"和"专研"进行描述,后者主要从学生的"课前准备"和"课后巩固"进行分析。

本节主要采用文献研究结合访谈的方法,研究城乡小学生"综合与实践"板块的学习情况。

(三)研究目的及内容

根据《数学新课标》,"综合与实践"是一类以问题为载体、以学生自主参与为主的学习活动。在学习活动中,学生将综合运用在"数与代数""图形与几何""统计与概率"等板块中学到知识和方法解决问题。在北师大新版教材中,"数学好玩"就是"综合与实践"的内容。本研究主要以"分扣子"一节为例。

二、相关研究过程及结果分析

(一)城乡教师对"综合与实践"的认识比较分析

在确定研究方向之后,为了解城乡教师对"综合与实践"的认识情况,采用以访谈为主、文献资料阅读为辅的方式对金华市开发区城乡小学数学教师对"综合与实践"这一领域的认识进行了调研。

访谈的对象是城乡小学中有多年教学经验的资深数学教师,了解他们对"综合与实践"的认识。主要从对"综合与实践"这一板块的价值认识、内容认识、教学方式认识和评价方式认识这四个方面进行访谈。

1. 对"综合与实践"价值的认识

总体而言,城乡教师对《数学新课标》设置"综合与实践"板块持认同态度,认为其符合新课标的要求。

以下是一位有代表性的教师的看法:

研究者:您赞同在数学课程中单独设置"综合与实践"这样的板块吗?

X老师:非常赞同。

研究者:请说说您的想法。

X老师:在小学阶段设置"综合与实践"是必然的。中国数学教育这么多年一直重视的是基础知识和基本技能,很少关注学生质疑、探究、实践、思维等能力。经过多次的课改,现在越来越重视"综合与实践"。像我们学校近两年就设置了一门新的课程叫"综合实践课程"。所以,在数学课程中设计这么一个板块是很有必要的。

研究者:您认为单独设置这个板块会发挥什么样的作用?

X老师:其实我们都知道,虽然课改进行了这么多年,但大多数一线教师还是会采用原来的教学方式,有些教师甚至会略过这一内容的教学。如果在教材中单独设置这样一个单元,那么就能引起教师的注意,提醒教师要改变传统的教育思想。这一点是值得肯定的。

研究者:您认为学习"综合与实践"后,学生有哪些方面的收获?最大的收获是在哪方面?

X老师:这一类的内容不是上一两次课就会有明显的收获的,它需要一个漫长的过程。学生在这个过程中将会积累各种活动经验,养成敢于质疑、独立思考、合作交流的学习习惯。等到现在的低年级学生成长为高年级学生时，他们在"综合与实践"方面的收获将会比较明显。

研究者：谈到这里，我不禁想问，您觉得如果照这样的方式培养一年级学生，等他们到六年级的时候，他们在这方面的成就是不是会比现在六年级的学生大呢？

X老师：我相信这是一定的。

从对一线教师的访谈中可以看出，"综合与实践"在中国新一轮的课改中是一名"宠儿"，越来越受到重视。可以将它比喻成一个"初升的太阳"，它刚开始散发它的热量，但还不是"正午的太阳"，需要广大教师的不懈努力来帮助它发光发热。

2. 对"综合与实践"内容的认识

城乡教师均采用教材中的内容作为"综合与实践"的教学内容，教材成为教师教学"综合与实践"的唯一依据。较有代表性的访谈实录如下：

研究者：您心目中"综合与实践"的内容应该是怎样的？

Y老师：将"综合与实践"仅仅局限在数学课程中，是较为狭隘的。我认为"综合与实践"应该单独成为一门课程。它可以分为三类：一类是学科性的，就比如数学课程中的"综合与实践"内容，是数学知识和方法的综合运用；一类是非学科性的，比如学生与家长一起制作西米露、烤饼干等；还有一类是跨学科的，比如数学与科学相联系的实践活动课。这些都可以是"综合与实践"的内容。

研究者：听了您的想法，我也很有感触。但还有个疑问，在平时的教学中，对于数学学科的"综合与实践"课，您会选择什么内容呢？

Y老师：大多数教师还是会按照教材中的内容教学。

研究者：我们知道在教学"综合与实践"之前，往往需要准备大量的教具学具，您会怎么做？

Y老师：对于"分扣子"这一课，其实完全可以让学生自己准备学具，但考虑了很久还是决定由我来做，有以下几点原因：一是让学生自己准备学具的话，至少有三分之一的孩子达不到要求，还可能出现做好了忘记带来的情况；二是一年级的学生动手能力还比较弱；三是这一课要按一定的标准分扣子，那么每个小组准备的扣子数应该是相同的，最后才能得出"分法不同，结果一样"的结论，如果让学生自己做学具，一定会出现各种不同标准的扣子，那么课堂上使用起来就会有很多问题。

从对城乡数学教师的访谈中，有以下三点发现：

一是教师开始审视"综合与实践"，认为它可以单独成为一门课程，与语文、数学这些课程一样加入学校的日常教学中，不再局限在数学课程这一小范围里面。

二是教师在教学"综合与实践"的内容时，依然会选择教材提供的素材，也努力准备教学所必需的教具学具。

三是对这些内容的认识，城乡教师的差别不大。

3. 对"综合与实践"教学方式的认识

教师对"综合与实践"教学方式的认识，包括教师对"综合与实践"实施过程中师生角色的认识、教学组织形式的认识、教学媒体使用方式的认识等。本研究采用访谈的方式了解城乡教师对这方面的认识情况。

从总体的认识上来看，大部分教师对《数学新课标》中提出的"综合与实践"的教学理念和要求持赞同的态度。较有代表性的访谈记录如下：

研究者：在教学"综合与实践"时，您是如何看待师生的角色的？

W老师："综合与实践"课要给学生充分的活动时间，教师在这类课上的角色是组织者，而学生是探索者、活动者、实践者。

研究者：在教学"综合与实践"时，您一般会采用什么样的教学组织形式？

W老师：可以课内外结合。如果在课堂上学习，那么合作学习是不可少的，教师也不需要使用太复杂的教学方法。告诉学生活动目的，让学生组成四人小组或者两人小组合作探究，再组织学生进行成果汇报即可。两人小组比四人要好一些，两人一组意见很快就能统一。

研究者：您在教学"综合与实践"时，经常会使用多媒体设备吗？

W老师：对我来说多媒体可有可无，一般会使用PPT来扩大教学内容容量，用投影仪来展示学生的探究成果。用PPT来呈现内容可以帮助学习能力弱的学生找到思路。

P老师：我会使用PPT进行教学，它能够更加清晰地向同学们展现思路，让更多的学生知道分扣子的方法。

研究者：在教学"综合与实践"时有没有什么担忧或困惑？您思考得最多的问题是什么？

W老师：最担忧的是上课时活动纪律难控制，第二是担忧课堂教学时间有限，学生在课堂上的学习不充分。还有一个担忧是教学过程中的生成与预设会出现比常规课更多的不一致，需要教师运用教学机智及时调控，对教师的教学能力有更高的要求。思考得最多的是怎样利用现有的教材让学生活动起来，激起学生的思维火花。

研究者：对于"分扣子"这一课，您会如何安排教学时间？

W老师：这次课堂教学实施下来，明显发现课堂上学生活动的时间还不充分。教参上这一课是一课时，我觉得是远远不够的。在"综合与实践"的教学中，一定要给学生充分的活动时间，学生在动手操作、合作交流的过程中产生认知冲突，就会主动思考，根本不需要教师太多的引导。教师在这里要做的是保护学生这种积极性。我认为，还需要一节课的时间让学生继续分扣子，给他们充分的活动时间，再进行汇报交流。

P老师：恰当安排学生活动的时间，就能在一节课内完成任务。

这表明，《数学新课标》倡导的课内外相结合及小组合作学习的教学组织形式为大多数教师所接受，现代信息技术的使用已经成为教师教学的一部分。课前，大部分教师都偏向于自己做好准备工作，主要有两方面原因：一是教师难以管理学生课外的行为，发布的任务指向性不明确，导致部分学生不能按照教师的要求完成课前的准备工作；二是低年级的学生动手操作能力较弱，难以完成教师布置的任务。

城乡教师都认为，在"综合与实践"课的教学过程中，最重要的是要给予学生充分的时间动手操作、合作交流，使学生在操作中积累数学活动经验，在交流中培养合作意识、语言表达能力、倾听和理解他人的能力等。

4. 对"综合与实践"评价方式的认识

关于"综合与实践"的评价方式，《数学新课标》中有明确的建议，在对教师的访谈中了解到以下几点信息：

（1）对"综合与实践"学习成果的评价不能只停留在书面测试上。

（2）可以采用走考的方式，对每一位学生的综合实践能力进行评价。

（3）对学生学习"综合与实践"成效的评价方式现在还未成熟。

（4）应注重对学生数学思考能力、问题解决能力、情感态度的评价。

从访谈中可以看出，城乡教师对"综合与实践"评价各方面的认识无显著差异，基本符合《数学新课标》中的要求。

（二）城乡小学数学"综合与实践"教学活动比较分析

1.《数学新课标》中对"综合与实践"的基本要求

本研究将以《数学新课标》中的相关要求为参照，对以课堂观察、访谈等手段采集来的信息进行分析，研究具体案例中教师的"综合与实践"教学活动。

（1）《数学新课标》对"综合与实践"教学目标的说明。

教师应该根据不同学段学生的年龄特征和认知水平，根据学段目标，合理设计并组织实施"综合与实践"活动。各学段"综合与实践"教学目标如表3-1所示。

表 3-1　小学数学"综合与实践"的学段目标

学段	具体目标
第一学段	1. 通过实践活动，感受数学在日常生活中的作用，体验运用所学的知识和方法解决简单问题的过程，获得初步的数学活动经验。 2. 在实践活动中，了解要解决的问题和解决问题的办法。 3. 经历实践操作的过程，进一步理解所学的内容。
第二学段	1. 经历有目的、有设计、有步骤、有合作的实践活动。 2. 结合实际情境，体验发现和提出问题、分析和解决问题的过程。 3. 在给定目标下，感受针对具体问题提出设计思路、制订简单的方案解决问题的过程。 4. 通过应用和反思，进一步理解所用的知识和方法，了解所学知识之间的联系，获得数学活动经验。
第三学段	1. 结合实际情境，经历设计解决具体问题的方案并加以实施的过程，体验建立模型、解决问题的过程，并在此过程中，尝试发现和提出问题。 2. 会反思参与活动的全过程，将研究的过程和结果形成报告或小论文，并能进行交流，进一步获得数学活动经验。 3. 通过对有关问题的探讨，了解所学知识（包括其他学科知识）之间的关联，进一步理解有关知识，发展应用意识和能力。

　　学生通过参与综合实践活动，积累综合运用数学知识、技能和方法等解决简单问题的数学活动经验。

　　（2）《数学新课标》对"综合与实践"实施建议的说明

　　课标中指出，要合理把握"综合与实践"的实施。它有别于学习有具体指示的探索活动，更有别于课堂上教师的直接讲授。它的重点在于规划学生的活动和思维能力培养。

　　教师在教学设计和实施时应特别关注的几个环节是：问题的选择，问题的展开过程，学生参与的方式，学生的合作交流，活动过程，结果的展示与评价。其中，选择恰当的问题是"综合与实践"活动的关键。只有合适的问题，没有最好的问题。教师在教学实施过程中，不仅要关注结果，更要关注过程，不要急于求成,要时刻将这一领域的教育目的放在首位,即要引导学生充分利用"综合与实践"的过程,积累活动经验、展现思考过程、交流收获体会、激发创造潜能。教学过程中还要充分体现学生的主体地位。

(3)《数学新课标》对"综合与实践"评价建议的说明。

评价的主要目的是全面了解学生数学学习的过程和结果,激励学生学习,帮助教师改进教学。

《数学新课标》尤其强调评价不仅要关注学生的学习结果,更要关注学生在学习过程中的发展和变化。采用多样化的评价方式,恰当呈现并合理利用评价结果,发挥评价的激励作用,有利于保护学生的自尊心和自信心。[①]

学生在"综合与实践"的学习过程中,各个方面的表现不是孤立的,这些方面的发展综合体现在数学学习过程之中。要注重对学生学习过程的整体评价,分析学生在不同阶段的表现特征和发展变化。例如,在"综合与实践"实施过程中,可以评价学生是否主动参与学习活动,能否提出问题和分析问题,有没有独立思考问题,是否与他人合作交流,有没有尝试从不同角度思考问题,能不能有条理地表述自己的思考过程,能不能做到倾听和理解别人的思路,会不会反思自己的思考过程,等。对这些内容的评价都可以记录在学生的成长记录袋中,帮助学生记录和反思自己的成长历程。

2. 城乡小学"综合与实践"的教学过程比较——以"分扣子"为例

(1)教学过程比较分析。

将城乡小学数学教师"分扣子"一课的教学内容、教学过程、教学效果与《数学新课标》中的要求进行对照,如表3-2所示。

[①] 刘素丽:《新课改背景下小学课堂教学评价标准建构与实施研究》,硕士学位论文,重庆师范大学,2012年.

表 3-2　城乡小学教师"综合与实践"教学过程对照表

一级指标	二级指标	X 老师的教学	P 老师的教学
教学内容	1. 内容正确，符合课程标准。 2. 内容具有一定的开放性和生成性。 3. 合理开发课程资源，灵活使用教材。	1. 使用教材中提供的扣子素材。 2. 在课堂上未来得及实施的内容："根据学生的回答进行课题的补充：分凳子、分笔、分碗……"。 评价：内容正确，符合课标要求。补充内容具有一定的开放性和生成性，能合理开发课程资源。	1. 使用教材中提供的扣子素材。 2. 对 5 位同学进行分类。 3. 对简单平面图形进行分类。 4. 对七巧板进行分类。 评价：内容正确，符合课标要求，且补充内容具有一定的开放性和生成性，能灵活使用教材。
教学过程	把促进学生主动发展作为出发点，培养学生的创新精神和实践能力。	课堂教学以学生的小组合作活动和师生谈话互动的方式进行，把积累学生的数学活动经验作为出发点，培养学生的实践能力。	课堂教学注重引导学生对分类标准进行探讨，以此为学生主动发展的出发点，培养学生的创新精神。
	教学设计安排条理清晰，程序设计合理，能够把握重难点。	教学设计分为五个层次：引入、探究一、探究二、课堂总结、自我评价。程序设计合理分明，能够把握重难点。	教学设计分为四个层次：引入、探究、评价、联系。探究分四步展开：分图形、分七巧板、分扣子一、分扣子二。
	学生参与的态度、广度、深度。	大部分学生积极参与到分扣子的活动中，部分学生能主动钻研分扣子的方法，也有部分学生开小差。	大部分学生都积极参与分七巧板的活动，在教师演示分扣子的过程时，几乎所有的学生都能认真听讲，跟得上教师的思路。
	教学节奏合理，教学效率较高。	在四人小组安排上浪费了一些时间，其余环节时间都把握得不错，能给学生较多的综合实践时间。	在游戏引入环节浪费的时间较多，分扣子之前的活动花费了大半节课的时间，在本课重点内容"分扣子"上使用的时间较短，以教师讲解、PPT 演示为主，学生观看并想象分类的过程。
	学习指导与教学过程调控的有效程度。	教师能用温和的提示性语言调控课堂纪律，能鼓励学生大胆地进行语言表达。	教师能参与到学生的小组合作中，引导学生对七巧板进行分类。
	师生民主平等，课堂气氛融洽，同学间友好和睦。	较好地达到要求。	较好地达到要求。

续表

一级指标	二级指标	X 老师的教学	P 老师的教学
教学过程	不同层次的学生都能不同程度地完成作业。	较好地达到要求。	较好地达到要求。
	熟练运用多媒体设备。	教室中多媒体设备出现故障，在这次课堂教学中未使用。但从访谈中了解到，该教师能熟练地运用多媒体设备。	教师上课使用的PPT课件设计合理，并有动画等效果；会使用投影仪，多媒体设备运用熟练。
教学效果	各层次学生均有收获，知识水平、数学思考能力、问题解决能力等都得到提升。	从课堂教学情况看，不同层次的学生均有收获，学生的各方面能力都得到发展，尤其在语言表达、动手操作等方面积累了一些经验。	从课堂上教师的提问来看，几乎所有学生都理解了分扣子的方法，不同层次的学生都有收获。从练习的结果来看，只有较少的学生能正确运用分扣子中的分类思想。教学成果只停留在表面，学生没有动手实际操作。
	教学在某些方面有突出特色。	该教师有较灵活的教育机制；语言生动形象，具有感染力；设计的练习为课外操作型练习；主要采用小组合作交流的教学方法。	该教师在同学回答出预设之外的答案时，没有第一时间反应过来；教师的语言平常，使用常用的提问形式，语气单调，缺乏感染力；练习采用"课堂作业本"作为分扣子的变式练习，局限在纸面练习上；采用小组合作、教师讲解演示的教学方法。

（2）共同点与不同点。

从以上对城乡两位教师课堂教学情况的对比中，可以发现以下几个共同点：

第一，在教学内容的选择方面，两位教师都比较尊重教材，选用教材中分扣子的内容作为新知识进行探究活动。

第二，在教学方法的选择方面，两位教师都安排了时间让学生进行小组活动，并且都是四人小组活动。

第三，在师生关系方面，从两堂课的课堂氛围可以看出，师生间的关系是民主、平等、和谐的,教学氛围融洽。

第四,在学习成效方面,教师的教学都能做到面向全体,不同层次的学生在各个方面有各自的收获。

从以上对城乡两位教师课堂教学情况的对比中,可以发现有以下几个不同点:

第一,两位教师的教学设计不同。X老师整堂课都围绕着分扣子进行教学,始终抓住教材中的素材。P老师在前半节课中加入了3个分类的内容,一是给5个同学按不同的标准进行一次分类,二是对6个简单图形按照不同标准进行一次分类,三是将打乱的七巧板按照不同标准进行一次分类。最后才对扣子进行分类。

第二,在教学时间安排上,X老师将整节课的时间都放在分扣子的小组活动上,给学生充分的合作交流和动手时间,一节课40分钟的时间不够用,还打算多用一节课的时间让学生动手操作分扣子。P老师能在一节课内完成"分扣子"的教学内容,并能留出8分钟的时间进行课堂练习。

第三,从教学方法和教学手段上来看,X老师没有使用多媒体设备进行教学,主要采用纸质的扣子学具,采用四人小组合作的形式教学,教师充当组织者、引导者的角色,保护学生的创造性和实践探究精神。P老师在教学"分扣子"的教学内容时,主要采用PPT演示加讲解的方式,学生通过观看分扣子的过程进行学习,没有真正自己动手操作。但P老师也有让学生四人小组合作进行分七巧板的活动。

第四,在板书上,X老师将重点的内容记录在黑板上;P老师自始至终均没有使用过粉笔和黑板,将重点内容的小结用口述的方式重复很多次,或是将其呈现在PPT课件上。

第五,从教师素质方面看,两位教师的穿着都大方得体,在课堂教学中,X老师显得更加沉着稳重,胸有成竹;P老师在教学过程中时常会用余光观察听课者的反应。语言也是教师素质的一大体现，在这一方面无疑X老师做得更好一些。

三、对策与建议

（一）研究结论

研究的出发点是了解城乡小学数学"综合与实践"的教学现状。具体而言，主要进行了以下研究：比较城乡小学数学教师对"综合与实践"的认识情况；调查城乡小学数学"综合与实践"的实际教学活动是否符合《数学新课标》中的要求；城乡小学生"综合与实践"的学习情况对比。

研究所用的材料通过文献研究、访谈记录、课堂观察等方法得到，对材料的分析采用定性分析的方法（对照《数学新课标》进行），所得结论如下。

第一，城乡小学数学教师均赞同在《数学新课标》中单独设置"综合与实践"这一领域，城乡小学数学教师对"综合与实践"的认识基本符合《数学新课标》的要求。

第二，部分教师的实际教学活动未能很好地体现《数学新课标》的要求，其中农村小学的实际教学水平较城市小学的实际教学水平要差一些。

第三，在"综合与实践"的教学活动中，学生的参与度较高。学生对这一领域的内容普遍感兴趣，并乐于学习；但也有部分学生在学习上倾向于采用依赖的策略。

（二）相关建议

"综合与实践"板块的教学中存在较多的问题是：合作学习质量不高。另外，也有将教学"综合与实践"课演绎成平常课的例子，缺乏实践活动的味道，学生和教师课前准备不足的问题普遍存在。究其原因，主要有以下几个方面。

一是学校对一线教师执教"综合与实践"课的指导和帮助不够，许多教师还采用原有的教学理念对待"综合与实践"课的教学。这与教师自身的态度也有关系，例如农村教师常安于现状，不主动研讨新课的教学策略。

二是进行"综合与实践"课的教学前，往往需要准备大量的教具学具，这对教师与学生都是一大挑战。农村教师一般同时任教多门学科，每周课业负担较重，没有时间准备教学具。低年级的学生动手能力弱，很难达到教师提出的对自制学具的要求。此外，新教材出版后，相应的学具学校也没有准备齐全。

三是受传统教育教学观念的影响，教师在教学"综合与实践"时还带有教授平常课时的态度和习惯，学生也没能完全适应开放性的合作学习课堂。在这种情况下，在课堂上任由学生交流讨论，学生会将这视为在课堂上聊天的机会，用来讨论学习之外的内容，课堂纪律也就难控制。

鉴于以上三个原因，笔者对农村教师执教"综合与实践"课提出以下三个方面的建议：

第一，校方应增强对"综合与实践"课教学的研究力度，为教师教学"综合与实践"课提供更多的指导和培训，使教育资源均衡配置，促进城乡小学数学教师之间的沟通与交流，提高教师队伍的整体素质。

第二，完善新教材教学具的准备工作。鼓励教师主动制作合适的教学用具，企业也可以生产一些合适的教学用具供教师和学生使用。

第三，转变教师的教育观念，使之跟上课改的步伐，从而影响新一批学生的学习态度和方法。

本节对城乡小学数学"综合与实践"课的实施现状进行了初步的研究，但由于笔者自身水平的限制，对某些问题的认识还存在着片面性，对研究的样本采集也有较明显的局限。"综合与实践"课的教学还未成熟，未知的问题还有很多，还需要广大教师不断地去探索、实践，希望在未来，"综合与实践"能从一个学习领域成长为一门成熟课程，并由此引出更多的教育新火花。

四、"互联网+"下的农村小学数学教师教学能力提升策略

2015年，政府工作报告中明确提出"互联网+"行动计划，要求新形态的互联网对各行各业起到催化作用，引导传统行业的改革和发展。互联网突破时间和地域的限制，能提供丰富多样的教学资源，建构更开放的教学关系，它为农村小学教师教学能力提升创造了新的发展空间。本小节对"互联网+"下的农村小学数学教师教学能力提升策略展开研究。

（一）用好互联网教育教学资源，提升教材钻研能力

教材作为重要的教学资源，一方面是学生获取知识的重要依据，另一方面是教师教学的主要工具。所以，农村小学数学教师要提升教学能力，读懂教材是基础，用活教材是关键。互联网为农村小学数学教师钻研教材提供了帮助。

1. 充分利用教材出版社网站资源，吃透教材体系

每所农村小学都有各自选定的数学教材，每套教材都有相应的出版社。笔者认为，吃透教材，不应只是读懂某课时或某单元的教材内容，更应读透整套教材的知识体系，领会教材的思想内涵。出版社的官方网站上往往有与整套教材相关的丰富资源，如课程理念、教学目标、教学重难点分析、学生情况分析等，能帮助农村小学数学教师解决教学资源匮乏的问题。

如北京师范大学出版社出版的小学数学教材就有官方网站，浏览该网

站可以帮助教师吃透体系，灵活驾驭教材，有效运用教材。

2. 用好各种教学网站资源，提升创造性使用教材的能力

《数学新课标》指出，在数学教学活动中，教师要创造性地使用教材，积极开发、利用各种教学资源，为学生提供丰富多样的学习素材。互联网为农村小学数学教师提供了无限可能。

目前，互联网中有新思维教育网、绿色圃中小学教育网等。农村小学数学教师在读懂教材的基础上，还可以利用这些网站，查阅其他版本的教材、教学用书和课外参考资料等，发现各版本教材之间的联系与区别，进行教材比较研究。同时，网站上还有许多课件、练习、考卷等，可以帮助教师实现多方面的知识迁移，开拓教学思路，从而提升农村小学数学教师创造性使用教材的能力。

（二）共享优师网络资源，提升教学设计能力

教学设计是指教师为完成一定的教学目标，对教学活动进行的一系列系统规划、安排与决策。阅读优秀的教学设计及相关文献，可以开阔农村小学数学教师的视野，使其及时了解教育改革动态，提升农村小学数学教师的教育理论水平。互联网能让农村小学数学教师站在巨人的肩膀上，开展有效的教学设计。

1. 使用公众平台，更新教学理念

在"互联网+"的环境下，微信、微博等移动媒体平台用户日益增加，大家都乐于通过公众号等平台，合理利用碎片时间，提高学习效率，使正式学习与非正式学习融合。

如微信公众号"一课研究"，由小学数学特级教师朱乐平老师运营，每天进行推送和更新，内容主要为优秀教师基于自己对某一课或某一知识点的认识和理解，通过"听一听""看一看""乐一乐"三个板块来传播教学理

论和实践信息。订阅这个微信公众号可以大大提升农村小学数学教师的专业文献阅读量，开阔农村小学数学教师的视野，从而提升农村小学数学教师的教学设计水平。

2. 建设并用好各类资源库，凸显农村教学特色

农村小学的学生生长在农村，具有丰富的农村生活经验，所以农村小学数学教师的教学设计应充分考虑到农村小学独有的学习特点和每个乡村独有的乡土文化。

（1）共建共享农村小学教学资源库，丰富教学资源。

目前，提供农村小学教育教学资源的平台有农村中小学现代远程教育资源网及一批优质农村小学校园网。运用这些网站资源，有利于读懂农村学生，提高农村小学数学教师的教学设计能力。如金华市婺城区乾西乡中心小学校园网，网站有学校概况、师资力量、校园文化、学生作品、教师教学设计、教师课件等栏目，这些资源能对本校及周边农村小学数学教师进行教学设计等提供一定的帮助。

在此基础上，农村小学数学教师应积极地把自己拥有的教育教学资源及时上传到校园网共享，丰富符合农村小学数学教学需求的优质数字资源库，使资源得到有效利用。

（2）用好乡村网站，渗透乡土文化。

乡村文化的延续与农村学校教育的发展是互相影响的。农村小学数学教师在进行教学设计时，应思考如何将学校教育与乡村文化相结合，从而实现对乡土文化的传承与发展。如金华市婺城区乾西乡小学的数学教师在进行教学设计时，可以浏览乾西乡人民政府等网站，查看当地的农村文化，了解当地风情、民情，使农村小学教育活动的主体、教学理念、教学内容、教学方式等与乡土社会、乡土文化紧密关联、协同发展。

（三）开拓网络交互模式，提升教学实施能力

课堂教学是教学工作的基本形式。教师提升课堂教学的组织、驾驭、应变、评价能力，是完成教学任务、实现教育目的根本保证。农村小学教师不像城市教师，常有机会与专家近距离接触，得到众多名师的专业引领，参与各种丰富多样的教学研究活动；也很难像城市的老师有较多锻炼展示的机会。而"互联网+"时代为农村小学数学教师课堂教学艺术的提升提供了帮助。

1. 观看互联网微课，提升教学语言能力

"微课程"是指利用移动互联网，以视频为载体，围绕某个知识点实施教学活动的过程，是在线的微型课堂。短小精悍的"微课程"的出现为农村小学数学教师提升教学能力带来了新的契机，农村小学数学教师通过观看优秀教师的微课，不仅可以学习他们的提问艺术，提升教学语言组织能力，还可以开阔教学视野，形成先进的教学理念。

2. 借助录播室开展课例研究，优化课堂教学策略

所谓教学策略，主要是指为了达到教学目标，根据教学内容与学生特点，所选择的教学方法。优化课堂教学策略是提升农村小学数学教师教学能力的关键点，而开展课例研究是农村小学数学教师优化课堂教学策略的有效途径。"一课多磨""同课异构"是课例研究的基本方法。由于农村小学平行班级数量少，课例研究较难开展，而"互联网+"为农村小学数学教师开展课例研究创造了平台。

（四）组织网络教研活动，提升教学反思能力

心理学家认为反思是教师成长的关键因素。教师应该在教学活动结束后及时反思教学过程，发现问题，找出成功和失败的原因，及时改进，不断

提高自己的教学水平。

网络教研是在传统教研的基础上，借助互联网而发展起来的一种新型教研形式。随着互联网的发展，网络教研平台日益丰富，有远程教育、QQ教研、教育博客、教育论坛等。这些平台为农村小学数学教师消除了传统教研时间和空间上的限制，让农村小学数学教师得以细说自己的教学工作，听取专家的教学建议，并记录自己的教学叙事、教学反思等日常教学足迹。同时，也能让更多的教研员、教师和专家参与进来，使得教学活动更加开放、灵活、多元化。

1. 开通远程教育，提升理论知识水平

没有理论指导的实践是盲目的。要上好一节课，自然需要理论的指导。但大部分农村教师都重实践轻理论，殊不知理论的学习可以帮助教师克服经验思维，培育理论思维。从经验思维到理论思维，这个转换对于教育研究与实践来说，可谓意义重大。

"互联网+"下的远程学习是一种新的教师培训模式，为农村小学数学教师与专家实现实时互动交流架设了桥梁。农村小学数学教师可以通过远程学习，解决教学实践中产生的困惑，边看边议，边听边评，边学边练。

2. 利用博客论坛，探讨教学实践

博客是一种十分简易的个人信息发布平台。论坛则是一个可以发帖回帖的讨论平台。农村小学数学教师通过网络将自己的教学设计、课件、教学反思等发表在博客和论坛里，请专家、教研员、一线教师等进行评课指导，可以提高教学能力。

"互联网+"时代的到来，为农村小学数学教师提升教学能力开创了一个新的契机。农村小学数学教师应该抓住这一契机，为缩小城乡师资水平差距、推动义务教育均衡发展、提高农村小学教学质量、促进农村小学数学教师专业发展不断探索新的路径。

第二节　科研能力提升策略

　　教师教育科学研究简称教师教育科研，是教育研究的一个下位的概念，指通过学习、运用教育教学理论，对教育教学实践和教育管理实践过程中已出现的或可能存在的问题进行有意识的反思，设计出解决方案并加以实施，从而提高教育教学质量，更好地促进学生的发展和自身专业素质提高的一种实践活动。

　　近些年来，教师教育科研在各小学如火如荼地展开。《小学教师专业标准（试行）》中"教师专业与发展"部分的"反思与发展"明确写明，要"针对教育教学工作中的现实需要与问题，进行探索和研究"。教师开展教育科研是教师提升理论素养、改进教学实践的一个有效途径。小学教师应该成为小学教育科研的主力军。教育教学是不断变化的，课程改革也没有固定的模式，因此，教育科研也是灵活多变的，是一个不断探索的过程。这样，小学教师就需要将学校教育科研活动当作经常性的行为，将科研作为学校发展与自身成长的持续性动力，以一个研究者的姿态来进行教学和科研。本小节基于小学教育科研工作的真实情况，如小学数学教师的态度、成果、相关保障等，研究了城乡小学数学教师科研中存在的一些问题，对比了城乡小学数学教师科研情况，以期提高对相关问题的认识。

一、研究对象及方法

（一）研究对象

笔者选择了浙江省金华市5所农村小学和5所城市小学的数学教师作为研究对象。

（二）研究方法

本次调查运用了文献分析法研究了国内外小学教师科研的现状，同时运用问卷调查法调研样本相关状况。问卷共发出120份，回收118份，回收率为98%，其中有效问卷113份，有效率为96%。同时，走访1所城市小学和1所农村小学并统计近一年这2所小学数学教师课题和论文的获奖和发展情况。本次调查基本能反映城乡小学数学教师科研现状。

问卷由两个部分组成，所有问卷采用匿名方式进行。

第一部分是基本信息，包括性别、学历、年龄、教龄等。第二部分是自编的城乡小学数学教师科研现状比较问卷，调查内容包括"科研意识""科研能力""科研成果""科研保障"4个方面。

（三）样本基本情况

样本基本情况如表3-3所示。

表3-3　城乡小学数学教师基本情况统计（N=113）

项目	内容	统计结果			
		城市小学（人）	比例（％）	乡村小学（人）	比例（％）
性别	男	12	10.6	9	8.0
	女	47	41.6	45	39.8

续表

项目	内容	统计结果			
		城市小学（人）	比例（%）	乡村小学（人）	比例（%）
年龄	30岁以下	25	22.12	13	11.5
	30—50岁	31	27.4	34	30.1
	50岁以上	3	2.7	7	6.2
教龄	5年以内	14	12.4	10	8.8
	5—20年	35	31.0	29	25.7
	20年以上	10	8.8	15	13.3
学历	中专	0	0	6	5.3
	大专	9	8.0	24	21.2
	本科	47	41.6	24	21.2
	硕士	3	2.7	0	0

二、相关数据处理及研究结论

（一）教育科研意识

教育科研意识是指教师积极从事科学研究的意向，代表教师潜心捕捉和发现问题的求知欲，它是科研活动的内在动力。

1. 对教育科研意识的认识

问卷中设计的问题是"您认为教师教育科研是？"，其中选项A为"专家的事，与己无关"，B为"教师分内工作，对职业发展有帮助"，C为"教师额外的任务，没有意义"，D为"没接触过，不清楚"。调查结果如图3-1所示。

由图3-1可以明显看出，在被调查的小学数学教师样本中，99.2%的小学数学教师对于科研工作已经有了明确的认识，认为教师教育科研是教师分内工作，对职业发展有帮助。113名老师中，只有2名老师（占1.8%）选择D选项"没接触过，不清楚"。这2名老师全都来自农村小学，年龄都在50岁以上，教龄都超过30年。可见从整体上看，城乡小学数学教师对教育科

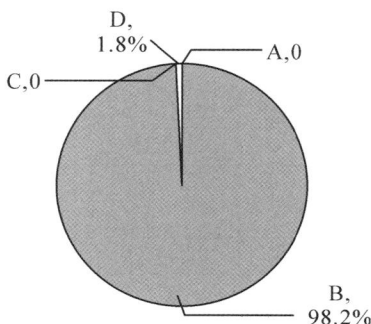

图 3-1 对教育科研认识的统计（N=113）

研的认识比较一致,都肯定了教师教育科研的地位和作用,只有极少部分的乡村小学数学老教师对教师教育科研还是不了解,甚至没有接触过。

2. 对教育科研意识的态度

问卷中设计的问题是"您认为小学数学教师是否有必要进行科研活动?",其中选项A为"非常必要",B为"有必要",C为"没感觉",D为"没必要"。 调查结果如表3-4所示。

表 3-4 教育科研态度统计（N=113）

题目	选项	人数		百分比（%）		
		城市	乡村	城市	乡村	合计
您认为小学数学教师是否有必要进行科研活动?	A. 非常必要	18	12	15.9	10.6	26.5
	B. 有必要	41	39	36.3	34.5	70.8
	C. 没感觉	0	2	0	1.8	1.8
	D. 没必要	0	1	0	0.9	0.9

由表3-4可以看出,在被调查的小学数学教师群体中,97.3%的城乡小学数学教师都觉得要进行教育科研,其中26.5%的城乡小学数学教师认为非常有必要搞科研,他们的科研意愿非常强烈;70.8%的教师认为有必要搞科研。值得注意的是,所有的城市小学数学教师对教师教育科研都是持肯定的态度,这是一个好现象。但农村教师中仍然有2名(占1.8%)选择"没

感觉"，有1名（占0.9%）选择"没必要"，这部分农村教师的年龄和教龄都偏高。总之，城乡小学数学教师对教育科研的态度比较一致，都认为教师需要进行科研活动，但仍有个别农村老教师还是比较安于现状，不太注重教师教育科研活动。

3. 对教育科研目的的认识

问卷中设计的问题是"教师搞科研的目的是什么？"，其中选项A为"提高教学质量，改进教学实践"，B为"加速自身的成长"，C为"帮助获取职称及荣誉"，D为"让上级领导满意"。调查结果如表3-5所示。

表3-5　教育科研目的统计（N=113）

题目	选项	人数		百分比（%）		
		城市	乡村	城市	乡村	合计
教师搞科研的目的是什么？	A. 提高教学质量，改进教学实践	25	19	22.1	16.8	38.9
	B. 加速自身的成长	20	18	17.7	15.9	33.6
	C. 帮助获取职称及荣誉	12	13	10.6	11.5	22.1
	D. 让上级领导满意	2	4	1.8	3.5	5.3

由表3-5可以看出，在被调查的小学数学教师中，认为小学数学教师进行教育科研的目的为"提高教学质量，改进教学实践"和"加速自身成长"的相对较多，分别为38.9%和33.6%。认为能"帮助获取职称及荣誉"的也有22.1%，这部分教师表现出一定的功利性，认为做科研的目的是获取个人利益。人都有获得他人认可的愿望，教师获得他人认可的一种快捷方式就是参与科研活动，获得一些奖项，这样就获得了名誉、地位、尊严、自信等。所以，一些老师愿意去做科研，仅是为了获得一些荣誉，这就会导致他们一旦有了什么成果马上就去发表，获得反响后就会把初步成果搁在一边。这样带有功利色彩的科研与因真心热爱教育事业而参与的科研是不一样的。认为做科研是为了"让上级领导满意"的也有5.3%，这部分教师表现出一

定的被动性。随着学校的日渐重视，基本上每个学校每年都会分到一些课题，这就使得教师要平摊这些从上面发下来的任务。已经获得很多荣誉的老师和那些只想安逸地过日子的老师就显得尤为被动。他们把教师教育科研活动当作是一个任务、一个作业，这也就使他们很难自觉地参与到教育科研活动中去，并真正成为教育科研的有心人。总之，大部分教师做教育科研的初衷是好的，但是有一部分教师对教师教育科研表现出一定的功利心和被动性。

4. 对教育科研作用的认识

从事教育科学研究的一个最主要目的是解决教育实践中的问题。所以问卷中设置了教育科研与教学的关系和教育科研活动对提高自己的教学质量的作用两个问题。

题目一：问卷中设计的问题是"您认为教师教学和科研的关系是？"，其中选项A为"科研为先"，B为"教学为先"，C为"科研与教学并重"，D为"无所谓"。调查结果如表3-6所示。

表3-6 对教学和科研关系的认知调查结果（N=113）

题目	选项	人数		百分比（%）		
		城市	乡村	城市	乡村	合计
您认为教师教学和科研的关系是？	A. 科研为先	15	8	13.3	7.1	20.4
	B. 教学为先	11	21	9.7	18.6	28.3
	C. 科研与教学并重	33	24	29.2	21.2	50.4
	D. 无所谓	0	1	0	0.9	0.9

由表3-6可以明显看出，在被调查的城乡小学数学教师中，认为教学和科研的关系是"科研与教学并重"占了50.4%。认为"科研为先"和认为"教学为先"的总体人数差不多，分别占20.4%和28.3%。其中，城市小学数学教师中，认为"科研为先"的比认为"教学为先"的多；农村小学数学教师中，认为"教学为先"的比认为"科研为先"的多。只有1名农村小学数学教师

认为无所谓，这名教师是一名农村老教师。说明大部分小学数学教师都肯定了科研对教学的作用。

题目二：问卷中设计的问题是"科研活动对提高自己的教学质量的作用是？"，其中选项A为"明显"，B为"不明显"，C为"无作用"。调查结果如表3-7所示。

表 3-7　教育科研对提高教学质量作用的统计（N=113）

题目	选项	人数		百分比（%）		
		城市	乡村	城市	乡村	合计
科研活动对提高自己的教学质量的作用是？	A. 明显	31	12	27.4	10.6	38.0
	B. 不明显	28	35	24.8	31.0	55.8
	C. 无作用	0	7	0	6.2	6.2

由表3-7可以明显看出，在被调查的小学数学教师中，认为参与教育科研活动对自己的教学质量有提升作用的占绝大多数，有93.8%。只是相对来说，城市老师认为"明显"的比认为"不明显"的多；农村老师认为"不明显"的比认为"明显"的多；并且农村老师中认为"无作用"的占6.2%，而城市老师则100%认为有作用。如果一个教师把教师教育科研和自己的教学质量当成两个不相干的领域，会导致科研的结果对教学没有帮助，理论水平或许提高了，但是在实践中没有得到运用。长此以往，他们就会不自觉地怀疑科研的作用。

总之，大多数小学数学教师都是认可教育科研对教学质量的提升作用的，相对来说，教育科研对提高乡村教师教学质量的作用小一些。

（二）教育科研能力

教育科研活动是一项创造性活动。进行教育科研，不仅需要教师有明确的认识、强烈的动机和积极的态度等，教师自身的科研能力也是至关重要的。教师的科研能力由基础性能力和发展性能力构成，其中，基础性能力又包括教师的自我学习能力、科研资料的收集能力、科研成果表述能力等；发展性能力包括科研选题能力、科研信息加工能力、动手实践能力等。[①]

1. 研究方法

教育研究的方法多种多样，笔者通过阅读相关文献，找出几种最常见的方法用于设计问卷。

问卷中设计的问题是"（多选题）您了解教育科研中的哪些方法？"，其中选项A为"观察法"，B为"经验总结"，C为"问卷法"，D为"实验法"，E为"个案研究法"，F为"其他"。调查结果如图3-2所示。

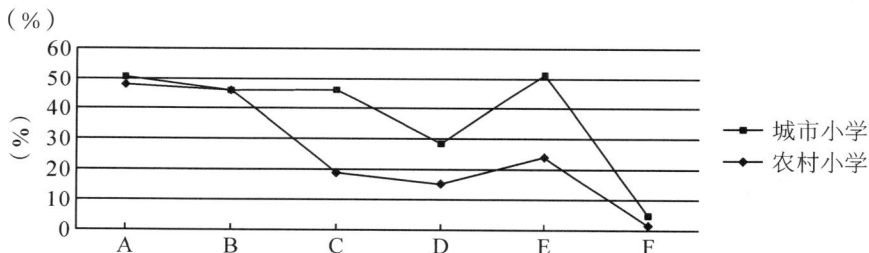

图3-2　教师开展教育科研的主要方法统计（N=113）

由图3-2可以看出，城市小学数学教师对"观察法""经验总结""问卷法""个案研究法"这4种基本的方法是比较熟悉的，选择占比分别是50.4%、44.2%、46.0%和51.3%；也有28.3%的人对"实验法"有所了解。农村小学数学教师对"观察法""经验总结"也比较熟悉，选择占比为47.8%和46.0%；但是了解"问卷法""实验法""个案研究法"的只有18.6%、15%和23.9%。当然还有个别老师知道其他方法，比如文献研究法等，这也是值得肯定的。城乡小学数学教师对"观察法""经验总结"这两种方法都比较熟悉，对"实验法"都相对陌生。城市小学数学教师对"问卷法""个案研究法"

---

① 高慎英：《教师成为研究者　"教师专业化"问题探讨》，《教育理论与实践》1998年第3期。

的了解程度要明显高于农村小学数学教师。值得注意的是,了解和使用是不一样的,很多老师了解这种方法,不一定就能使用这种方法。总之,城市小学数学教师比农村小学数学教师相对更了解做科研的方法。

2. 科研资料获取途径

如今,教师检索资源的途径多样。问卷中设计的问题是"(多选题)在做科研的过程中,您通过哪些途径获得有关资料?",其中选项A为"网络",B为"订购书籍",C为"询问有经验的教师",D为"其他"。调查结果如表3-8所示。

表3-8 教师检索资源途径统计(N=113)

题目	选项	人数		百分比(%)		
		城市	乡村	城市	乡村	合计
在做科研的过程中,您通过哪些途径获得有关资料?	A. 网络	59	54	52.2	47.8	100
	B. 订购书籍	32	13	28.3	11.5	39.8
	C. 询问有经验的教师	48	21	42.5	18.6	61.1
	D. 其他	4	0	3.5	0	3.5

由表3-8可以明显看出,100%的城乡小学数学教师选择通过网络获得有关资料;61.1%的小学数学教师选择"询问有经验的教师";只有39.8%的城乡小学数学教师选择"订购书籍"。其中城市小学数学教师选择B、C两项的比农村小学数学教师要多。值得注意的是,网络上虽然有很多资料,但是不一定都是正确的,正确的资料一定要到各类权威数据库如中国知网这样的专业网站去找,这就需要学校对教育资源有所投资。相比而言,农村小学数学教师选择"询问有经验的教师"的少一些,说明城市小学数学教师接触专业的、有经验的教师的机会比较多。其实订购书籍是一种很好的途径,可以及时看到最新的研究成果并加以借鉴。这方面,城乡小学数学教师都有待改进。总之,现在小学数学教师检索资源的途径比较单一,小学数学教师都比较依赖网络资源。

3. 开展方式

问卷中设计的问题是"您开展教育科研的方式是?",其中选项A为"独自开展",B为"与同事合作开展",C为"在专家的指导下开展",D为"其他"。调查结果如图3-3所示。

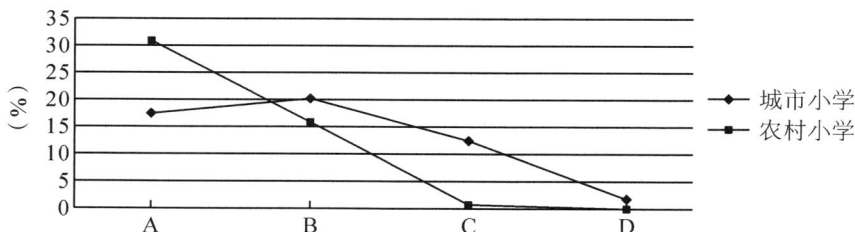

图3-3 教师开展教育科研的方式统计（N=113）

由图3-3可以看出,在被调查的城乡小学数学教师中,独自开展教育科研的最多。其中,城市小学数学教师有17.7%,农村小学数学教师有31%,农村小学数学教师独自开展教育科研的比较多;其次是与同事合作开展,其中,城市小学数学教师有20.4%,农村小学数学教师有15.9%,城市小学数学教师与同事合作开展教育科研的比较多;第三是在专家的指导下开展,占了13.2%,值得注意的是,农村小学数学教师只有1名教师(占0.9%)选择了在专家的指导下开展,说明农村小学数学教师与外界接触的机会相对较少,特别是接触专家的平台和机会比较少,更多的是靠个人摸索。

4. 自我评价

自我评价是一种自我发展的动力机制,对于教师来说,是教师专业能力提高的根本动力。

笔者设计了两道题来了解城乡小学数学教师对自己科研能力的评价。

题目一:"您认为自己的科研水平如何?"其中选项A为"非常高",B为"比较高",C为"比较低",D为"非常低"。调查结果如图3-4所示。

由图3-4可以看出,有35.4%的城市小学数学认为自己的科研水平比较

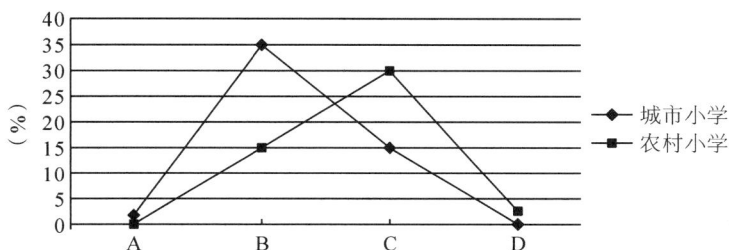

图3-4　科研水平自我评价统计（N=113）

高，只有15.0％的农村小学数学教师认为自己的科研水平比较高；有30.1％的农村小学数学教师认为自己的科研水平比较低，只有15.0％的城市小学数学教师认为自己的科研水平比较低；有2位（占1.8％）城市小学数学教师认为自己的科研水平非常高，这2位教师的自我感觉很好；有3位（占2.7％）农村小学数学教师认为自己的科研水平非常低。通过对这5个人的研究发现，认为"自己的科研水平非常高"的2位城市教师都是硕士毕业；而认为"自己的科研水平非常低"的3位农村教师都是年龄超过50岁、教龄超过30年的教师。城市小学数学教师对科研水平的自我感觉明显好于农村小学数学教师。

其实，大多数小学数学老师也想搞科研，但不知从何处入手，很少有教师接受过比较规范的科研能力训练，基本上都是在工作的过程中不断地尝试和积累经验，所以小学教师在教育科研方面会有一些不足。

题目二："您自身最缺乏的科研知识是？"其中选项A为"缺乏选题素材"，B为"缺乏研究方法"，C为"缺乏论文写作等知识"。调查结果如图3-5所示。

由图3-5可以看出，样本认为自身最缺乏选题素材的最多，占40.7％，其中，城市小学数学教师占了30.1％，农村小学数学教师占了10.6％，城市小学数学教师认为缺乏选题素材的比较多。其次是认为自身最缺乏论文写作等方面知识的，占34.6％，其中，城市小学数学教师占了12.4％，农村小学数

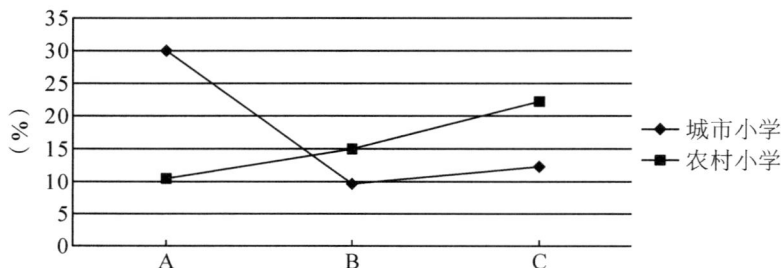

图 3-5　缺乏科研知识的统计（N=113）

学教师占了22.2％, 农村小学数学教师认为缺乏论文写作等方面的科研知识的比较多。认为缺乏研究方法的城乡小学数学教师最少, 占24.7％, 其中, 城市小学数学教师占了9.7％, 农村小学数学教师占了15.0％, 农村小学数学教师认为缺乏研究方法的比较多。说明城市小学数学教师比较缺乏选题素材的知识, 而农村小学数学教师则比较缺乏研究方法和论文写作等方面的知识。

在选题素材方面, 城市小学数学教师受的困扰比较大, 可能他们可研究的内容比较多, 资源比较丰富, 所以他们很难找出让自己满意的研究题目。选题是科研成败的关键, 直接决定了研究的成果有没有价值。

关于科研方法的知识, 小学教师普遍比较缺乏。小学教育是基础教育, 教师很少接触到科学的科研方法, 如果在大学的时候没有学过, 那么在工作岗位上也比较难进行系统学习, 现在小学教师的学历还普遍不高, 很多小学教师在大学期间就没经历过规范的科学研究的过程。科学研究是一个很严谨的过程, 需要教师的反复推敲, 通过实践去验证, 并做好每一步的记录和解释。

关于论文写作等知识, 农村小学数学教师缺乏这方面知识的人数比城市小学数学教师多。现在, 城乡学校对教师教育科研都很看重, 基本上每年都有硬性规定每个老师每年要完成教育科研成果的数量, 或者规定要评到什么职称就要发表多少论文等。所以基本上每年各地教研室都会举行一些比赛和交流,但这些比赛的奖项基本上就是"大锅饭",只要参与了,每个人都有奖。平台和机会多了,就导致一些老师自我感觉很好,觉得自己一直获奖,就已经算是会搞科研了,其实里面还是有很多不科学的地方,很多成果表述的格式都不规范,论文中很多语言可能还不是最准确的,这不能算是会做科研。

(三)教育科研成果

1. 成果形式

教育科研成果的呈现形式是多种多样的。论文是科研成果的常见呈现形式,但不是唯一的形式。除了论文之外,教育科研成果的呈现形式还有很多,例如出版专著、总结经验材料、调查报告等。本小节就小学教师科研成果最常见的呈现形式做了统计,结果见表3-9。

表3-9　教育科研成果形式统计(N=113)

题目	选项	人数		百分比(%)		
		城市	乡村	城市	乡村	合计
在科研方面你取得了哪些成果?	A. 发表论文	59	52	52.2	46.0	98.2
	B. 出版专著	7	1	6.2	0.9	7.1
	C. 总结材料	56	53	49.6	46.9	96.5
	D. 无成果	0	2	0	1.8	1.8

由表3-9可以看出,出版过专著的教师较少,占了7.1%,7名城市小学数学教师出版过专著,占了6.2%,有1名农村数学教师出版过专著,占了0.9%。发表过论文和总结材料的分别占了98.2%和96.5%,其中城市小学数学教师全部发表过论文,只有3名教师没有总结材料;农村小学数学教师有2名没有发表过论文,1名没有总结材料。值得注意的是还有2位农村小学数学教师没有任何成果,这2名农村小学数学教师就是之前对教师教育科研认识不清的那2名老教师。说明城乡小学数学教师的科研成果形式差不多,相对来

说，出版专著需要的科研水平比较高，因此，小学数学教师参与比较少。

2. 成果获奖情况

笔者统计了一年内一所城市小学和一所农村小学数学教师课题和论文的获奖情况。这两所小学的数学教师人数一样，各有20名。具体情况见表3-10。

表3-10　教师基本情况统计（N=40）

项目	内容	人数		
		城市	农村	合计
性别	男	7	6	13
	女	13	14	27
学历	中专	0	2	2
	大专	4	8	12
	本科	16	10	26
	硕士	0	0	0
教龄	5年以内	4	8	12
	5—9年	5	7	12
	10—14年	7	2	9
	15年以上	4	3	7

由图3-6可以看出，城市小学数学教师无论从论文还是课题的数量和质量上来看，都远远多于和高于农村小学数学教师。其中城市小学数学教师论文获奖83项，课题获奖11项，农村小学数学教师论文获奖36项，课题获奖1项。

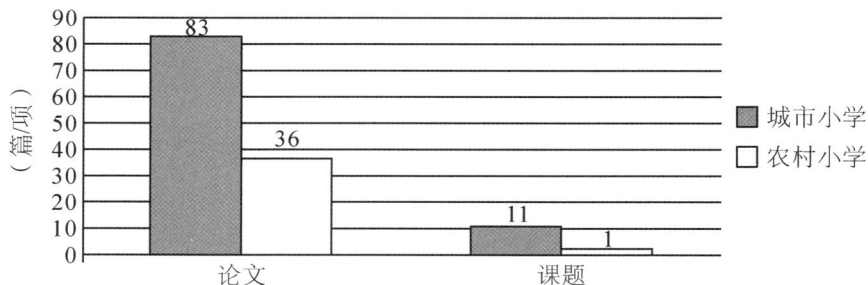

图3-6　教师教育科研成果获奖情况统计　（N=40）

图3-7和3-8按性别、学历、教龄统计了城乡小学教师获得论文和课题奖项的情况。

从性别上看，这2所学校教师的性别比差不多，小学教师中女老师多于男老师是一种常见的现象。总体来说，男教师人数比较少，但是其科研成果数量和女教师差不多。其中城市小学数学教师中男教师和女教师的科研成果数量基本相当，农村小学数学教师中男教师的科研成果数量比女教师多得多。可见，农村男教师的科研能力比女教师强。

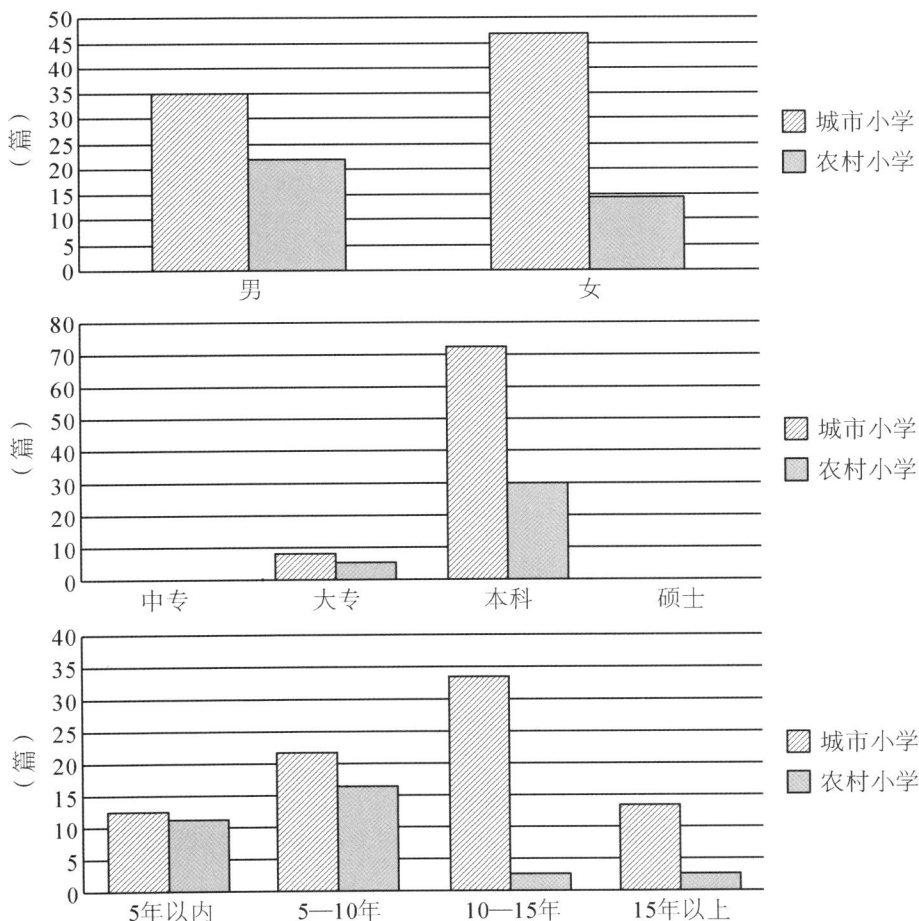

图3-7　教师教育科研论文获奖具体情况统计（N=40）

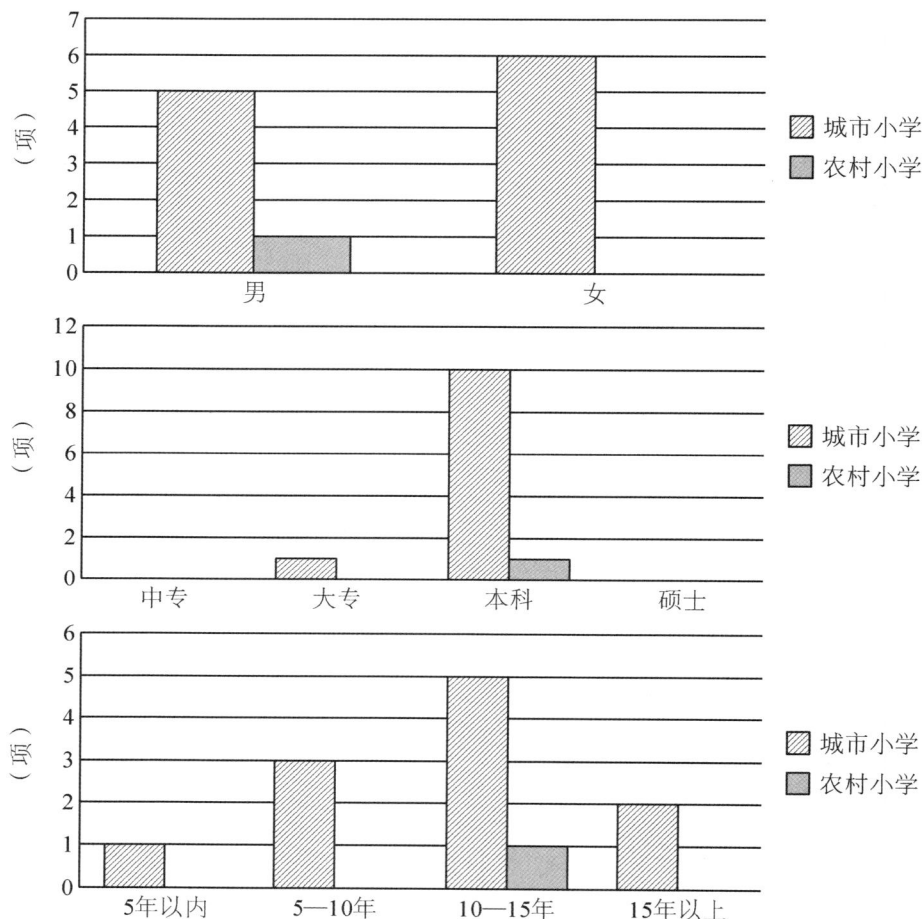

图 3-8 教师教育科研课题获奖具体情况统计（N=40）

男性教师在人数比较少的情况下，科研成果也丝毫不逊色于女性教师。难道女性教师在科研这块就比男性教师弱吗？其实，这个问题受很多因素的影响，仔细想想，女性因为个人及家庭原因，在很多时候对工作的热情和投入程度没有男性高。小学里的女性教师偏多，怎样提升这些女性教师对科研的积极性是一个重要的问题。而且农村女性小学数学教师的积极性问题尤为明显，很多农村女性小学数学教师觉得自己在农村，和深奥、专业的教师教育科研没什么关系,只要安稳地过好自己的日子,对事业也没有什么追求。

从学历上看,城市小学数学教师的学历整体上略高于农村小学数学教师。本科学历的教师在教师教育科研中有很大的优势,大多数的成果都出自本科学历的教师。其中,城市小学数学教师的论文有85.6%,课题有90.9%出自本科学历的教师;农村小学数学教师的论文有83.3%,课题有100%出自本科学历的教师。由于历史原因,小学教师的专业素质在教师这个群体中是偏低的。大部分中专、大专学历的老师在工作的过程中,还会继续学习和深造来适应时代的进步,但是,现在还是有一些中专学历的农村教师没有跟上历史的步伐,他们在教育科研的道路上就会遇到很多阻碍。总之,学历高的教师在教育科研上更在行。

从教龄上看,教龄在5—15年的这批教师是现在小学教育的中流砥柱。这个教龄的教师已经在工作岗位上磨炼了一段时间,有了一定的经验和感悟。同时,这些教师的身体状况也较好,良好的身体就是革命的本钱,可以更好地投入教育事业中。可见,教龄适中的教师在教育科研上的贡献最大。

值得注意的是,教师的科研成果虽然形式多样,每年的数量也不少,但是教师教育科研容易陷入追求论文数量而忽视质量的误区。小学数学教师论文的质量仍有待提高,真正的好论文是非常少的。统计过程中发现,只有2篇城市小学数学教师的论文在国家级刊物上发表,大多数奖项都还是来自自己当地教研室举办的评比。

(四)教育科研保障

1. 进行教育科研的时间

问卷中设计的问题是"您有充分的时间做教育科研吗?",其中选项A为"很充分",B为"差不多",C为"不够",D为"完全不够"。调查结果如图3-9

所示。

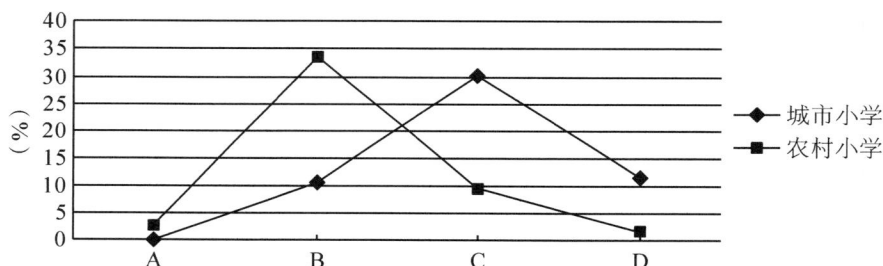

图 3-9　教育科研时间统计（N=113）

由图3-9可以看出，认为进行教育科研的时间"差不多"的最多，占了44.2%，其中，城市小学数学教师占了10.6%，农村小学数学教师占了33.6%；其次是认为做科研时间不够的，占了39.8%，其中，城市小学数学教师占了30.1%，农村小学数学教师占了9.7%；认为时间完全不够的占了13.3%，其中，城市小学数学教师占了11.5%，农村小学数学教师占了1.8%；此外，还有3个农村小学数学教师（占2.7%）认为时间很充分。说明城市小学数学教师的压力相对于农村小学数学教师来说比较大，花在教学上的时间比较多，较少有空余时间来进行教育科研。虽然他们有心想搞科研活动，也认可教师教育科研的价值，但是还是存在时间不允许、心有余而力不足的现象。

城市教师有很好的设施，很多的交流机会，很好的科研氛围，却没有充足的时间。这就相当于提供了一切准备工作，却不给予工作的时间，这样工作还是完成不了，再多的准备都没有用。城市教师的压力大，城市学生和家长的期待很高，光是完成教学任务就会占去教师很多时间，再加上城市学校的高要求，城市教师很少有时间停下脚步好好思考自己角色的意义，很少有时间做点自己真心想做的研究。对城市小学数学教师来说，教育科研时间不足是个大问题。

农村学校教师的时间相对充足，却没有完善的设施和良好的氛围。农村生活的节奏相对缓慢,教师可以利用的时间比较多,但是由于条件的限制,农村没有那么好的平台,和专家接触的机会不多,只能抓住培训或者讲座的机会交流。同时,农村也无法给教师提供必要的物质条件,如图书资料、数据库资源、资金支持等。因此,很多农村教师有时间却无力做科研。

2. 教育科研氛围

教师日常工作都在学校里。学校里有很多同事,彼此是竞争者,也是合作者。学校的科研氛围会影响教师对科研的兴趣和热情。

问卷中设计的相关问题是"您所在学校的教师科研状况是?",其中选项A为"多数教师参加",B为"个别教师参加",C为"参加者寥寥无几"。调查结果如表3-11所示。

表 3-11　教育科研氛围状况统计（N=113）

题目	选项	人数		百分比（%）		
		城市	乡村	城市	乡村	合计
您所在学校的教师科研状况是?	A. 多数教师参加	43	25	38.1	22.1	60.2
	B. 个别教师参加	15	20	13.3	17.7	31.0
	C. 参加者寥寥无几	1	9	0.9	8.0	8.8

由表3-11可以看出,大多数教师都参与了教育科研。31.0%教师的学校是有个别教师参加。此外,1名城市小学数学教师、9名农村小学数学教师（共占8.8%）的学校只有寥寥无几的教师参与。说明城市学校比农村学校更加注重科研,科研的氛围相对浓厚。

3. 支持度

没有学校对教育科研的引领,便不会有优秀的学校。学校对教师教育科研的支持度非常重要。

问卷中设计的相关问题是"校领导对教师科研的支持情况是?",其中选项A为"十分重视",B为"比较重视",C为"不重视",D为"非常不重视"。调查结果如表3-12所示。

表 3-12　学校对教师教育科研支持度统计（N=113）

题目	选项	人数		百分比（%）		
		城市	乡村	城市	乡村	合计
校领导对教师科研的支持情况是?	A. 十分重视	14	5	12.4	4.4	16.8
	B. 比较重视	45	35	39.8	31.0	70.8
	C. 不重视	0	13	0	11.5	11.5
	D. 非常不重视	0	1	0	0.9	0.9

由表3-12可以看出,现在的学校对教育科研的重视已经越来越明显。有了学校的支持,教师进行科研活动的效果才会好。城乡小学数学教师中,认为校领导对教育科研十分重视的占16.8%,比较重视的占70.8%,但是仍有个别农村学校对教育科研不重视,占11.5%,甚至还有1个农村小学非常不重视。这也说明了城市学校更加注重教育科研。

从对上述调查结果的比较与分析中,可以得出以下结论:

第一,90%以上城乡小学数学教师的教育科研意识都比较强,只有个别农村老教师的科研意识比较淡薄。

第二,27.5%的教师对教师教育科研表现出一定的功利心和被动性。

第三,城市小学数学教师的教育科研能力较强,农村小学数学教师的教育科研能力普遍较弱,尤其是农村女教师。

第四,无论从论文还是课题的数量和质量上来看,城市小学数学教师都远远多于和高于农村小学数学教师。

第五,城市小学数学教师缺少科研时间,农村小学数学教师缺少科研设备和氛围。

三、对策与建议

（一）教师应树立正确的科研意识,使态度与行为一致

城乡小学数学教师不能积极主动地进行教育科研,还是跟其认识有关。

美国心理学家凯尔曼认为,价值内化要依次经历顺从、认同和内化三个阶段。现在,城乡小学数学教师对科研的认识充其量停留在认同阶段,由认同到内化尚需很大努力。在认同教育科研的地位和作用的城乡小学教师中,有一小部分虽然从心理上已经认同了教育科研,但其行为表现和不认同者是一样的。提升教师的科研能力还任重而道远。对此,可以采取以下措施:

第一,让小学数学教师了解教育科研的全过程,消除畏难心理,激励教师加强学习,特别是农村的老教师。

第二,了解教育科学研究的最新进展,更新观念,提高教师的教育科学理论素养,特别是农村的女教师,可以专门针对其举办讲座宣讲。

第三,树立"教学科研一体化"思想。教育科研基于教育中的实际问题,服务于教学实践,要研究实用的内容,研究对自己的教学有帮助的内容,从而促进教学质量的提高。

(二)学校应重视并加强与大学或其他教育科研机构的合作

学校重视并加强与大学或其他教育科研机构的合作就是为了提高小学数学教师的教育科研能力,提升小学数学教师的教育科研素养。对此,可以采取以下措施:

第一,多开展与大学的合作,提高城乡小学教师的学历。要鼓励专科学历的老师获取本科学历,使小学教师的学历本科化,有余力的老师还可以攻读硕士学位,提升自己的理论素养。同时,让师范生多去小学实践,让在职小学数学教师多去大学学习最新的理论,促进交流,这样就可以使教师少走一点弯路,多一点感悟。

第二,多开设教师培训,引入专家的指导。特别是对农村小学数学教师,要多给他们机会出去接受最新的思想。同时,也可以让城乡小学数学教师一对一结对子,并定期开一些交流研讨会。

（三）重视科研成果的推广应用

应用科研成果的过程其实就是一个再研究和再创造的过程。所谓教育科研成果推广，就是有计划有步骤地将教育科研成果传播开去，在一定范围内运用，使之转化为教育效益。但是，多数教师推广科研成果的意识不强。对此，可以采取以下措施：

第一，科研成果的推广和应用不应局限于本校，可以以公开课、观摩课的形式来向其他小学数学教师展现和推广，使之直接服务于课堂教学。也可以利用网络进行传播、讨论。

第二，不停地回顾、验证从而改进以前的研究成果，观察是否适应教师与学生的实际情况，做好记录工作。

（四）建立合理的科研保障机制

这需要学校、政府、教师的相互配合。良好的保障是教师教育科研得以正常进行的前提，尤其是在条件较差的农村小学。对此，可以采取以下措施：

第一，加大对教师教育科研的投资，包括对设施和时间的投资。设施包括图书馆、数据库等；时间主要是要给予教师充分的时间做教育科研，不要给其过大的压力，特别是对城市小学数学教师。

第二，完善对小学数学教育科研成果的评价机制。评价具有导向、评定、激励等多种功能。评价不仅要关注结果，更要关注教研活动的过程。学校要建立积极的导向性更强的评价体系和评价标准，代替那些功利性的激励政策，帮助教师树立正确的教育科研观，规范教师的教育科研行为。

第 四 章

农村小学数学教师的终身学习

第一节　校本研修提升策略

教育大计，教师为本。要造就一支师德高尚、业务精湛、结构合理、充满活力的高素质专业化教师队伍，就需要不断提高教师的职业道德素养、专业知识水平和教学技能。2010年浙江省颁布的《浙江省中小学教师专业发展培训若干规定（试行）》指出："中小学教师专业发展培训应实行集中培训、校本培训等形式的有机结合。"2016年浙江省教育厅颁布的《浙江省中小学教师专业发展培训学分制管理办法（试行）》中又明确指出："教师专业发展培训学分可通过四种途径获得：自主选课、指令性培训、校本研修、其他形式转换等。"并明确规定："校本研修为中小学校按照要求和自身教师队伍发展需要，组织实施的培训活动。"中小学教师专业发展培训从2011年实施至今已完成第一个周期，那么校本研修的效果如何呢？本节对校本研修现状与效果进行调查与研究，这也将为今后的校本研修提供有针对性的建议。

一、研究对象及方法

金华地区处于浙江省中西部较发达地区，金华市教育局相关统计资料显示，金华地区68.9%的小学是农村小学，共293所，其中镇区127所，乡村

166所；农村小学数学专任教师占小学数学专任教师的60.6%，共3229人，其中镇区2041人，乡村1188人。本调查以金华市农村小学数学教师作为研究对象，根据镇区小学与乡村小学数量，随机选取样本，发放问卷600份，回收问卷565份，其中有效问卷为560份，问卷有效率为99.12%，其中镇区小学385份，乡村小学175份。同时，采用访谈法、文献研究法等多种方法收集信息，进行分析研究，因此，本调查能够反映金华市农村小学数学教师进行校本研修的现状。

二、相关数据分析及研究结论

（一）研修制度不够完善，认识上存在偏差

1. 制度不完善

校本研修是中小学教师专业发展培训获得学分的主要途径之一，为了达到更好的研修效果，需要有完善的制度在背后支持。从表4-1可以看出，只有9%的农村学校有很完善的校本研修制度。没有完善的制度，活动开展的效果就会降低。此外，调查发现，47%的农村小学数学校本研修活动是"不定期开展"或"偶尔为之"，不存在"没有开展过"的情况；所有的学校都将校本研修纳入了教师的考核之中，但43%的学校没有奖励机制，30%的学校"偶尔有"奖励但不明确，这直接影响了教师参与的热情与积极性。

表4-1　农村小学校本研修制度的调查统计

选项	有，且很完善	有，且比较完善	有，但不太完善	没有	不清楚
百分比	9%	24%	62%	3%	2%

2. 教师对研修存在认识偏差

农村小学数学教师基本认同校本研修有利于教师自身的专业发展，能

促进学生全面发展、促进学校自主发展。从表4-2看，只有3%的教师认为校本研修是"形式主义，增加了教师负担"。

表 4-2　教师对校本研修意义认识的调查统计

选项	有利于教师自身的专业发展、促进学生全面发展、促进学校自主发展	有积极意义，具体不清楚	可有可无，只是学校的点缀和修饰	形式主义，增加了教师负担	其他
镇区小学	90%	5%	2.5%	2.5%	0
乡村小学	83%	11%	0	6%	0
总计	88%	7%	2%	3%	0

虽然大多数教师对校本研修意义的认识是积极正确的，但是深入学校进行调查、访谈发现，在实际开展的校本研修活动中，教师参与的热情不高，导致校本研修开展的有效性降低。究其原因，有以下几点。从客观环境条件来看，农村学校大多地处偏僻，交通不便，导致了农村小学数学教师与外界存在交往障碍，使得他们了解和掌握信息不足，易陷入被动搞研修的困境。在一些农村地区，工作负担重、时间紧、压力大、休息少成为不少教师的常态，每天有两到三节课，还要批改作业、备课、辅导学生。访谈发现，有48%的农村小学数学教师不仅要教两个班的数学，还需担任其中一个班的班主任，心有余而力不足。因此，他们参加校本研修活动的时间只能少之又少。有69%的教师认为影响自己校本研修实效的主要原因是"教学任务重，缺少时间和精力准备"。学校对于校本研修的重视度也不够，缺乏完善的制度。综上所述，一部分农村小学数学教师对"校本研修"产生了失望的心理，以应付为主，造成了研修动力不足的局面（相关调查结果见表4-3）。

表 4-3　教师参加校本研修原因的调查统计

选项	提升自身的专业素养	完成上级部门或学校布置的任务	获得学分，评定职称	教师继续教育培训的要求，获得所需教学技能	其他
百分比	22.8%	33.1%	16.2%	26.7%	1.2%

（二）研修资源匮乏，现有资源缺乏系统性与前沿性

1. 图书资源匮乏

很多农村小学远离城区，交通不便利，导致学校图书馆、阅览室等处有关小学数学教育的资源匮乏、信息落后，没有形成系统性的资源体系。有些偏远的农村小学连图书馆、资料室都没有，导致农村小学数学教师不能便捷地寻找资源。从表4-4可看出，只有8%的农村小学数学教师可在图书馆、阅览室查找资源。

表 4-4　教师学习资源主要来源的调查统计

选项	学习资料室、阅览室	订阅的期刊	网络资源	其他
百分比	8%	36%	52%	4%

2. 本校缺乏数学资源研修网站

从表4-4可看出，52%的农村小学数学教师通过网络来获得研修资源，自己学校并没有相关的研修网站供教师查找资源。但网络资源质量参差不齐，教师还需自己辨别，且没有系统性，如"长方体的认识"一课，网上的教学设计、课件有300多条，但内容差不多，相似度很高，真正可用的、优秀的资源很少，往往耗时去寻找，还不一定能找到适用的，稍微好点的课件还需要花钱去下载。此外，在访谈中得知，有些农村小学数学教师即使知道有几何画板、Flash等教学软件，也苦于不会使用。

（三）研修内容缺乏针对性，未满足教师需求

校本研修的内容应是根据教师的需求确定的，它往往从问题出发，以解决问题、提高教师的实践能力为目的。从表4-5看出，农村小学数学校本研修的内容相对集中，开展最多的是"教育教学设计"，占 45%。如五年级组确定教研内容为"确定位置"后，五年级组数学教师先在自己年级进行教材

解读、试教，再全校展示，请全部的数学教师一起讨论教材、讨论教学设计，提出修改意见，这个过程关注的是教师上课的流程，而缺乏对学生学习状态、心理的关注。其次是"学科知识"，占36%。这是指小学数学教研组就某一教学内容进行讨论，如讨论"数与代数领域小学阶段的知识体系"。这说明目前农村小学数学校本研修的方向主要是立足数学教学，服务于教学，能基本满足小学数学教师的需求。虽然"职业理解与认识"在研修内容中占了28%，但深入访谈时发现，这是由于上级部门下发了要加强教师职业道德的通知，学校才组织教师开展的，没有针对性。这导致很多教师在参加校本研修时是被动的，特别是年纪较大的一些老教师，他们认为自己已有较为丰富的教学经验，有关教育教学设计、组织与实施方面的培训没有必要再参加，他们参加活动纯粹是为了完成上级部门或学校布置的任务。

表 4-5　校本研修内容的调查统计

选项	职业理解与认识	对小学生的态度与行为	个人修养与行为	小学生发展知识	教育教学的态度与行为	学科知识	教育教学知识	通识性知识（自然科学和人文社会科学知识、艺术欣赏、信息技术知识）	教育教学设计	组织与实施	激励与评价	沟通与合作	反思与发展
百分比	28%	1%	16%	5%	20%	36%	25%	5%	45%	14%	8%	10%	11%

　　数学的学习需要把抽象的内容具体化，这往往要借助现代信息技术来实现，特别是"图形与几何"内容的教学，需要借助课件、多媒体等，但农村小学数学校本研修中"数学课件的制作（如几何画板的使用、Flash动画制作）、白板或一体机的使用"等内容只占14%。访谈中还发现，很多农村小学数学教师经常抱怨"这道题目讲了好多遍，还是有很多学生错"或"这个类型的题目每届学生都错"等，这其实跟学生的心理特点有关，但多数农村小学数学老教师并不清楚，没有针对性地去解决，所以农村小学数学校本研修缺少"有关小学生解题心理的研究"等内容。

处于不同专业发展阶段的教师在专业发展上有不同的要求,对校本研修的内容也就有着不同的需求。调查发现,教龄在1年以内的新农村小学数学教师参与校本研修主要是为了提升自身的专业素养。由于刚参加工作,他们迫切希望在"教育教学设计""对小学生的态度与行为"等方面获得帮助。教龄在2—6年的教师,83%希望自己能成为骨干教师,所以他们之中68%的教师希望在"组织与实施"方面得到帮助;47%的教师希望在"反思与发展"方面得到帮助,特别是要评定职称的教师。但实际上,学校在安排上未能有所兼顾,只有30%的学校偶尔会在开展校本研修前对数学教师的需求进行调查,其余从来不会调查数学教师的需求,基本是根据上级主管部门布置的任务、学校发展的需要或学校负责的科研课题而确定主题,导致研修活动因无法有针对性地帮助教师解决实践中的问题,比较流于形式。

(四)研修形式单一,教师处于被动地位

1. 研修形式缺乏多样性

丰富多样的校本研修形式有利于创设和谐、民主的研修氛围,有利于调动教师参与的积极性。从调查结果来看,多数农村小学无论是校本研修的组织形式还是活动形式都较为单一。从组织形式上说,农村小学数学校本研修主要是以教研组为单位,而年级组、备课组、校际的研修小组相对较少。这种以教研组为核心,围绕课例展开的研修活动会造成教师喜欢模仿、怠于创造的心态,反映出重"研"轻"修",甚至是重"教"轻"研"的倾向。

从表4-6中明显可以看出,校本研修形式以备听说评课式、参观观摩式、读书自修式、课题驱动式为主。使用最多的形式是每个年级的数学教师自己确定上课内容,年级组内解读教材、进行教学设计,之后在数学教研组内汇报,全部教师进行教材解读、设计讨论并进行修改。基本上都是数学教研组内互相听课评课,缺少了多学科的融合,缺少了教师希望的一些形式,如

师徒结对式、骨干引路式、教学诊断式及专家、名师报告讲座式等。

表 4-6　校本研修活动形式的调查统计

选项	读书自修式	备听说评课式	专家、名师报告讲座式	专题讨论式专	课题驱动式	骨干引路式	案例分析式	师徒结对式	教学诊断式	参观观摩式	校际合作、交流
百分比	48%	85%	21%	19%	44%	17%	8%	10%	6%	52%	4%

单一的活动形式使得多数教师认为自己收获不多，久而久之，教师参与校本研修的热情降低，教学工作缺乏主动、创新意识，工作中缺乏旺盛持久的热情。

调查发现，31%的农村小学数学教师会在每次研修活动前积极准备研修资料，但只有少数教师会在活动中发言；57%的教师会在研修活动前临时查找资料。在研修活动中，很多的教师都是只听不讲、不好意思发表自己的看法，有些时候甚至只有教研组长在发言，使得研修的效果大大降低，达不到真正的目的。正因为"管"的痕迹较重，许多教师认为校本研修是教研员的事、学校的事、教研组长的事，对自主研修抱着一种局外人的态度，未把自己看作是校本研修的主体与学习者、组织者、研究者。

2. 缺乏专业引领，研修实效欠佳

个人反思、同伴互助、专业引领作为校本研修的三大核心要素，缺一不可。

就调查数据而言，95.6%的教师表示已经开始对自己的教学行动进行反思，同伴互助也已成为目前农村小学教师主要的研修方式之一。从表4-7中不难发现，教师在研修活动中遇到的主要困难里，"缺乏专家引领，没有成型经验"排在第一位。

表 4-7 校本研修中遇到的主要困难的调查统计

选项	教师主体意识不够，角色被动	缺乏同伴互助	时间紧，负担重，动力不够	没有信息技术支持	缺乏相关制度支持、激励制度和学习资源	研究水平有限，知识储备不够，没有足够的理论支撑	无法将专家的理念转化为自己的行为	缺乏专家引领，没有成型经验	其他
百分比	57%	12%	64%	24%	69%	27%	52%	82%	0

专业引领作为提升校本研修水平的关键要素，通常包括两方面：一是教师主动学习并吸收先进的教学理念，这是一种隐性的专业引领；二是指接受来自教研员、高等院校或培训机构教师、优秀名师以及校内专家等人员的指导，这是一种显性的专业引领。调查中了解到，教师平时主要通过教辅用书、优秀期刊（如《小学数学教师》《小学数学教育》）、网络（如知网、百度文库、新世纪小学数学网）等获得研修资源，学习领悟课堂教学方面的新理念与策略等。农村小学校本研修缺乏专业引领最主要的原因为缺乏专业引领人员。一方面，由于地理位置偏僻，学科教研员难有机会到农村小学进行现场指导，即使偶尔来一次，由于时间有限，也不能"作为合作伙伴，与教师一起备课、听课、评课，再帮助改进"；另一方面，一些教研员往往以督导者的角色出现在校园中，教师每次被听课都如临大敌，唯恐出什么纰漏，这在某种程度上造成了教师的排斥心理。此外，学校未能充分发挥本校骨干教师的作用。其实，"专家本身也是一个生成的人物"，对于一些校内的优秀教师，只要稍加培养，完全可以挑起校内专业引领的重担。

三、对策与建议

（一）完善制度，激发内驱力

不立规矩不成方圆，很多农村小学数学教师在沉重的工作压力下，随着惯性在工作。因此,要提升教师在校本研修中的自主性,首先教育行政部门要加强对农村小学数学教师校本研修的管理,责任到人,要经常性跟踪、指导校本研修工作,并及时进行针对性调整,保障校本研修经费落实到位,有规划地加强农村小学的硬件设施。其次,学校要成立体系化的校本研修制度,特别是激励制度、评价制度。如建立教师成长记录袋,记录袋内容包括:(1)教师基本情况;(2)发展目标,包括近期目标、中期目标、长期目标;(3)达成目标记录,包括计划和总结、理论学习内容、专业技能训练、教学实践、教学研究等;(4)文集汇总,如学习资料收集、教学案例、教育随笔、典型教案、论文等;(5)成果记录,如出课记录、论文获奖情况等;(6)评价,如自我评价、同伴评价、学校评价等。学校应充分听取数学教师的建议、意见,看到农村小学数学教师不同的需求,每学期评选教学能手、教学进步奖等,并给予一定的奖励;请优秀教师(本校的数学教研组长、数学教坛新秀等)做讲座,创造良好的校本研修氛围。

(二)注重顶层设计,建立研修资源体系

1. 建立、推广数学校本研修资源数据库

(1)政府部门负责顶层设计,建设数学教师校本研修资源库。

政府相关部门应与企业合作建立专门的有关数学校本研修的资源库,顶层设计门类要齐全,内容涵盖面要广,既涉及专业理念与师德,又涉及专业知识和专业能力。建立系统性强、知识更新快的数学国家资源网,以满足广大一线农村小学数学教师自身研修需求,真正促进农村小学数学教师自身专业发展。如建立数学校本研修公共资源数据库,并将其按照实际功能划分成若干子库,如课件库、微教学单元库、案例库、试题库、常见问题库、参考资料库、网址资料库等。

（2）推广资源库。

网络环境下的农村小学数学校本研修是一种基于教师网络学习与信息交流的研修形式，具有快捷性、灵活性、互动性等特征，可以弥补农村小学地理位置上的不足。各级教研机构与农村小学协作，引导教师用好国家基础教育资源网、农村中小学现代远程教育资源网等资源网站，建立一个信息共享平台，并积极引导每位农村小学数学教师上传数学研修资源，保证信息、资源能得到传播，从而引起讨论，碰撞出新的火花。

（3）学校建设具有本校特色的数学校本研修网站。

学校应将先进的理念技术、优质的数学研修资源、智能的资源管理平台和便捷的网络应用工具有效结合，建立具有本校特色的数学校本研修网站，将数学校本研修资源分类整合，集中存放，为数学教师提供方便、快捷、高效的资源索引查询服务和资源更新服务；也可以搭建名师交流平台、网络评课系统等，让教师之间可以即时交流、互相协作，有效地提高研修质量。

2. 为教师提供广泛的阅读资源

阅读是获得信息的一种途径，静心阅读能给人带来大量的思考空间。因此，农村小学可以根据学校的发展状况，及时订阅有关数学校本研修方面的期刊，如订阅《小学数学教师》《中小学教育》《尝试教学策略》等期刊，放于学校阅览室，便于数学教师借阅。

有条件的农村小学还可与高校联合，发放农村教师高校图书馆借阅卡，毕竟高校图书馆里的资源更为丰富，种类更为齐全。由于每位农村小学数学教师的发展方向不同，需求不同，学校还可定期发放一些购书券，让农村小学数学教师自主选择自己需要的书籍，提高自身修养。如有关数学教学的《数学教学设计》《小学数学应用题教学》《问题解决与数学教育》；有关管理的《窗边的小豆豆》《影响教师的100个好习惯》等。学校每年可以给每位老师发放一定的读书资金，数学教研组每学期可以组织数学专业书籍研读活动，并规定一些目标，再举行教育论坛，以便大家分享智慧，凝聚力量，获得可持续发展的动力。

（三）增加内容维度，提高针对性

处于不同专业发展阶段的农村小学数学教师具有较大差异，只有符合了他们各自的需求，校本研修效果才能最大化。

《小学教师专业标准（试行）》规定："小学教师是履行小学教育工作职责的专业人员，需要经过严格的培养与培训，具有良好的职业道德，掌握系统的专业知识和专业技能。"由此可将教师研修内容划分为三个维度："专业理念与师德""专业知识"和"专业能力"。

1. 加强专业理念与师德

《小学教师专业标准（试行）》规定，"专业理念与师德"包括"职业理解与认识""对小学生的态度与行为""教育教学的态度与行为"和"个人修养与行为"。这些内容适合所有阶段的教师研修。学校可以定期举行相关的讲座、研讨，如利用每周一开周会的时间，请学校优秀的数学教师谈谈"如何引导小学生学会数学学习，养成良好的数学学习习惯"，也可抛出一个问题如"如何了解和满足小学生身心发展的不同需求"，让所有的数学老师产生共鸣，回顾自己的教学，再自由发言，产生思维碰撞，激发新的火花。

2. 夯实专业知识

《小学教师专业标准（试行）》规定，"专业知识"包括"小学生发展知识""学科知识""教育教学知识"和"通识性知识"。

对于教龄在1—2年的合格教师来讲，他们缺乏实践经验，不完全了解所教学科与其他学科的联系，不能将"不同年龄小学生学习的特点；小学数学学科知识体系、基本思想与方法；小学教育教学基本理论"等理论知识与实践很好地结合起来并运用到实际教学管理当中。因此，这一阶段的教师需要的是有关"专业知识"的实践研修,需在教学中逐步摸索实践,如观看教学光盘、网络教学视频,多听老教师上课,并结合自己的教学进行反思。而教龄在6年以上的农村小学数学教师,在长时间的教学过程中积累了一定的数学教学管理经验,但由于长时间不使用,大多数理论知识已遗忘。他们要加强对相关理论知识的研修,如阅读相关书籍、查询网络资源、与青年教师探讨学生的解题心理特点等,以更好地进行实际的教学管理。对于当班主任的农村数学教师而言,还需多阅读有关班级管理、学生管理、学生身心发展特点等的书籍,以增加自己的知识。还可以多向优秀班主任学习经验,遇到问题多与优秀教师讨论,学校可定期开展"优秀班主任经验介绍会",邀请所有教师一起讨论,拓展思路。

3. 提升专业能力

《小学教师专业标准(试行)》规定,"专业能力"包括"教育教学设计""组织与实施""激励与评价""沟通与合作""反思与发展"。对于有经验的老教师来说,合理利用教学资源设计教育教学、创设适宜的教学情境、根据小学生的反应及时调整教学活动、正确应对各种突发情况等基本不是难事,但他们缺乏一定的现代教育意识,不能很好地将现代教育技术手段运用到教学中,所以老教师应多学习课件制作、交互式电子白板运用等现代教育技术手段,如阅读相关书籍、观看网上教学视频、参加学校组织的集体学习活动等。而刚进入这个行业的新教师,往往能做一份优秀的教学设计,但不一定能上好课,他们需要的是关于教学组织、教学评价等的实践研修,如观看相关案例视频,采取师徒结对的方式向老教师学习如何有效地评价学生、与家长沟通等。

（四）形式多样化，提升研修效果

1. 校内互助，共同研修

（1）读书沙龙。

为了迎接知识经济的挑战并适应我国素质教育实施的需要，教师有必要深刻意识到终身教育、终身学习对于自身专业发展的重要性。这便要求教师从自我强化的角度开展自我研修，进而完善、补充自身的知识体系。教师应根据自身发展需求寻找相关研修资源。学校可以在每周规定时间，将所有的数学教师聚在一起，分享近期的读书心得或困惑，将个人知识转化为公共知识，共同进步。

（2）骨干引路策略。

农村地区受发展条件的限制，信息交流不甚通畅，许多一线教师对新理念了解不多，仅凭短时间的集中培训难以取得成效。农村学校可以培养中青年骨干教师，以点带面。因此，先是要选好"点"——那些可塑性强、热爱教学、能清晰地向同行传递信息的教师，然后请高一级教研部门的优秀教研员、高等院校教师或中小学优秀教师前来讲学，对骨干教师进行集中培训，可以采取专题讲座或示范课的形式。骨干教师在参与培训之后，对本校教师进行二级培训，传递所学知识、技能，使全体教师无需出远门就能接受新理论、新方法、新技术，开阔教学眼界和思路。

（3）师徒结对策略。

学校的青年数学教师多，非常需要资深教师起到一个带头示范作用，给青年教师们引领方向。农村小学数学教研组应分析组内新老教师的实际情况，设计"师徒结对"方案，明确带徒职责义务，组织、落实"常规工作指导""课堂教学指导"等具体工作。在日常的指导活动中，无论是在备课还是听评课活动中，都要求每一个备课组教师的共同参与，发挥组内老教师的教学经验优势和新教师的工作热情优势,两者的互补效应能形成巨大的能量。师徒开展课例研究活动时,可以由老教师先上引领示范课,新教师在吸收老教师经验的基础上,结合自身特点开展同课异构数学教学研究活动。

(4)同年级异科结队策略。

《小学教师专业标准(试行)》规定,教师不仅要了解所教学科与社会实践的联系,还要了解所教学科与其他学科的联系。因此,农村小学数学教研组可以推动本组教师与同年级其他学科的专家型教师进行结对。这样既能让教师领略到更多同行的教学风采,感受到更多教师的教学个性;又能了解所教学生的综合知识水平,以便融合各学科知识进行有效的数学教学;还能扩大教师的视野,提升教师的学科整合能力,促进全体教师的专业化发展。如"大课堂"模式,主要分为五个环节:教师独立备课(自主申报)—上课观摩(一人上课,各学科教师听课,同时拍摄录像)—"专家"点评(同时回顾精彩录像)—反思总结(针对点评和录像进行)—形成案例。

(5)课题引领策略。

教师在教学中经常会遇到相似的问题,所以在校本研修中,可以提倡教师结合教学中最突出的问题、最迫切的问题,"以课题为抓手",开展草根式研究。如"课题聚焦—阅读内省—实践提升"模式:(1)课题聚焦,定点纵深构建起"在实践中发现问题,在研究中解决问题""研、训、用"结合的微型课题研究机制和"大课题引领小课题"的课题群研究模式;(2)阅读内省,由表及里,数学组教师在自由阅读的基础上,在备课组教研活动时间开展同读一本书、同研一段话、分享阅读、好书推荐等形式的阅读活动,以系统理论、名师智慧反观自己的教学,突破经验式校本教研的局限;(3)实践提升,由点及面,以课堂教学研究为重点,以课堂观察为手段,以教学反思、同伴互助、专业引领为主要方式,优化课堂教学,促进教师的专业发展。

2. 搭建校际交流桥梁，增强各方联结和协作

（1）加强兄弟学校间沟通。

校本研修是以校为本的研修，但随着新课程改革的进行，研修的平台可以进一步扩大，即以区域为平台，加强同一区域内小学间的沟通联系。如结对建立"兄弟学校"，不定时举行兄弟学校间的联合研修活动，建立网上的教师互动学习平台。

（2）学校与各级教研机构、各高校联合。

农村小学要加强与各级教研机构、各高校的联系，建立一个信息共享平台，保证信息、资源的顺畅流通，实现学校与教研机构间的纵向信息共享及学校与学校、学校与社区间的横向信息共享，增强协作能力。如可以在农村小学与农村小学、农村小学与城区小学、农村小学与高校等之间建立联结，资源共享。

（3）加强专家引领，提升研修的效率。

农村小学数学教研组要主动积极争取与专家、教研员的合作，经常聘请他们来校举办专题讲座、说课、评课等，进行现场辅导，帮助教师从更高层面、更宽视野领悟新课程。让教师们多"走出去"，把名师们"请进来"，及时了解当前课程改革的进程和方向。

第二节 培训进修提升策略

教师培训进修是提升教师综合素质、促进教师专业发展的重要途径。本节中的农村小学数学教师包含有正式编制的数学教师和代课数学教师。本次研究通过调查金华市农村小学数学教师培训进修的现状,分析存在的问题并提出合理化建议。

一、研究对象及方法

(一)研究对象及样本选择

笔者选择了金华市10所农村小学的数学教师作为研究对象,一共发放问卷150份,最后回收有效问卷132份,问卷回收率为88%。

所有调查问卷均采用匿名的方式进行,在发放、回收调查问卷过程中,笔者走访了部分农村小学数学教师,并与部分教师培训学校(机构)的培训教师进行了面对面访谈,以获得更加翔实有效的第一手资料。

(二)研究方法

本次调查主要采用文献法、调查问卷法和访谈法。

调查问卷由两部分构成。

第一部分主要调查金华市农村小学数学教师队伍的基本情况，包括性别构成、年龄构成、教龄构成、学历构成、职务构成、职称构成、每周课时数及教师个人职业发展目标定位情况。

第二部分对金华市农村小学数学教师培训进修现状进行调查。根据对部分农村小学数学教师及培训学校（机构）教师的访谈，拟定了调查农村小学数学教师培训进修现状的九个维度：培训需求、培训目的、培训时间、培训形式、培训经费、培训内容、培训效果、培训师资和培训学校（机构）。

二、相关数据处理及研究结论

（一）培训需求

1. 教师教龄与培训需求关系

教龄可以从一个侧面反映出教师的教学水平和教学能力。表4-8中的数据显示：81.82%的被调查教师教龄都在6年以上，18.18%的被调查教师是教龄在5年及以下的年轻教师。

表 4-8　金华市农村小学数学教师教龄构成情况统计

教龄	人数	所占百分比（％）
5 年及以下	24	18.18
6—10 年	12	9.09
11—20 年	40	30.30
21—30 年	24	18.18
31 年及以上	32	24.24
总计	132	100

从表4-9可以看出，对于培训是否有必要这一问题，只有3.04%的教师选择没有必要，看来大部分教师培训意识都很强，充分意识到了培训的重要

性及必要性。大多数农村小学数学教师认为时代在变化,学生的知识水平、眼界等都在不断提升和进步,如果教师只是一直停留在自身原有的知识水平上,最后终究会被社会淘汰,因此,教师必须通过培训、进修等途径不断加强自身的学习,拥有更强的实力以迎接挑战,走向成功。

表 4-9　教龄特点对培训必要性的影响情况统计

题目	选项	人数					所占百分比（%）					
		教龄≤5年	教龄6—10年	教龄11—20年	教龄21—30年	教龄>30年	教龄≤5年	教龄6—10年	教龄11—20年	教龄21—30年	教龄≥31年	总计
您觉得是否有必要参加在职培训?	A. 有必要	24	12	40	24	28	18.18	9.09	30.30	18.18	21.21	96.97
	B. 没有必要	0	0	0	0	4	0	0	0	0	3.03	3.03
	总计	24	12	40	24	32	18.18	9.09	30.30	18.18	24.25	100

观察不同教龄的教师对于培训必要性的选择,可以看出选择"没有必要"的只有教龄大于30年的老教师,这个教龄段的老教师大部分年龄都在50岁以上,精力和工作热情度都有所降低,同时也即将步入退休的行列,因此觉得教师的在职培训没有必要。

表4-10的数据显示,教龄小于等于5年的新教师中,有不少新教师认为"根据学生生理、心理特点针对性教育"是自身最期望得到提高的素质,同时有许多教龄大于30年的老教师也认为自身最期望提高的素质也是"根据学生生理、心理特点针对性教育"。

表 4-10　教龄特点对教师期望提高素质的影响情况统计

题目	选项	人数					所占百分比（%）					
		教龄≤5年	教龄6—10年	教龄11—20年	教龄21—30年	教龄>30年	教龄≤5年	教龄6—10年	教龄11—20年	教龄21—30年	教龄≥31年	总计
您想要提高哪些方面的素质：（可多选）	A．敬业精神、师德水平	13	5	17	10	4	9.85	3.79	12.88	7.58	3.03	37.12
	B．根据学生生理、心理特点针对性教育	31	14	23	28	35	23.48	10.61	17.42	21.21	26.52	99.24
	C．帮助学生进行研究性学习	20	4	18	11	22	15.15	3.03	13.64	8.33	16.67	56.82
	D．开展教育科研、撰写论文	26	11	29	23	3	19.70	8.33	21.97	17.42	2.27	69.70
	E．信息技术与多媒体教学	6	2	11	34	25	4.55	1.52	8.33	25.76	18.94	59.09
	F．对新教材的理解和把握	20	12	22	34	22	15.15	9.09	16.67	25.76	16.67	83.33
	G．开展综合实践活动，培养学生动手实践能力	13	4	11	21	14	9.85	3.03	8.33	15.91	10.61	47.73
	H．其他	0	0	0	0	0	0	0	0	0	0	0

新教师刚刚踏入工作岗位，往往怀着满满的热情面对一批新学生。教育的核心就是学生，教师想要教好学生，首先必须了解学生、掌握学情，这才是教育教学工作顺利开展的基础，因此，新教师在这方面的需求还是相当大的。而对于老教师，由于年龄、精力等因素的限制，不善于去发现新事物和接受新的教学观念。然而由于学生的不断进步，老教师们越来越意识到学生是变化发展的，所以教师对于学生的认识也应该产生相应的变化才能

跟上时代的脚步，才能满足学生的学习需求，顺应变化发展的教学观念。因此，老教师也需要提高这方面的能力。教龄在11—20年的教师最期望提高的素质是"开展教育科研、撰写论文"，处于这个阶段的教师已经趋于成熟，形成了一套适合自己的教学风格，对学生的把握和对教材的理解也有了自己的独到之处，因此，此时的教师已注意力转移至科研和论文方面，逐渐意识到对教育进行深度研究更有助于自身的快速成长与发展。

2. 教师职业发展目标对培训需求的影响分析

表4-11的数据显示，96.96％的金华市农村小学数学教师都清楚地意识到了教师培训的重要性。调查中有36.36％的教师选择"教学骨干"作为自己的职业发展目标；将未来职业发展目标定为"普通教师"的农村小学数学教师所占比例较大，在这部分教师中有的认为没有必要参加培训，也有的目前还没有目标；而将未来职业发展目标定为"教育专家""特级教师"和"学科带头人"的教师所占比例却不是很大。这说明当今农村小学数学教师对未来职业发展目标的定位比较低，普遍只局限于做一名普通教师。未来职业发展目标定位一定程度上影响着教师的培训需求，定位高的教师培训意识更强，而定位低的教师培训意识则会相对比较弱。

表 4-11　职业发展目标对培训需求的影响情况统计

题目	选项	人数						所占百分比（％）						
		教育专家	特级教师	学科带头人	教学骨干	普通教师	没有目标	教育专家	特级教师	学科带头人	教学骨干	普通教师	没有目标	总计
您觉得是否有必要参加在职培训？	A. 有必要	2	16	7	48	51	4	1.52	12.12	5.30	36.36	38.64	3.03	96.97
	B. 没有必要	0	0	0	0	4	0	0	0	0	0	3.03	0	3.03
	总计	2	16	7	48	55	4	1.52	12.12	5.30	36.36	41.67	3.03	100

（二）培训目的

表4-12的数据显示，把未来职业发展目标定为"教育专家"的教师大都将培训目的确定为"提高科研能力"或者"提高教育教学水平"；未来职业发展目标为"特级教师""学科带头人"和"教学骨干"的教师大都将培训目的确定为"提高教育教学水平"；未来职业发展目标为"普通教师"和"没有目标"的教师大都将培训目的确定为"拓展专业知识"。

教师拥有不同的职业发展目标，对于培训目的的定位也会有相应的不同。对于职业目标定位不高的大部分农村小学数学教师而言，他们参与培训的目的只停留于"拓展专业知识"，而未来职业发展目标定位比较高的农村小学数学教师则将培训的目的提升为"提高教育教学水平"，职业目标定位更高的农村小学数学教师则不仅仅将培训的目的定为"提高教育教学水平"，同时还追求更高层次的培训目的即"提高科研能力"。

表 4-12　职业发展目标对培训目的的影响情况统计

题目	选项	人数						所占百分比（%）						
		教育专家	特级教师	学科带头人	教学骨干	普通教师	没有目标	教育专家	特级教师	学科带头人	教学骨干	普通教师	没有目标	总计
您参加教师培训进修是为了：（可多选）	A. 评优晋级	0	0	5	12	3	0	0	0	3.79	9.09	2.27	0	15.15
	B. 完成上级主管部门和学校安排	0	5	0	16	23	3	0	3.79	0	12.12	17.42	2.27	35.61
	C. 提高学历	0	0	0	15	0	0	0	0	0	11.36	0	0	11.36
	D. 拓展专业知识	1	9	0	22	27	4	0.76	6.82	0	16.67	20.45	3.03	47.73
	E. 提高科研能力	2	0	0	28	1	0	1.52	0	0	21.21	0.76	0	23.48

续表

题目	选项	人数						所占百分比（%）						
		教育专家	特级教师	学科带头人	教学骨干	普通教师	没有目标	教育专家	特级教师	学科带头人	教学骨干	普通教师	没有目标	总计
您参加教师培训进修是为了：（可多选）	F. 提高教育教学水平	2	14	6	37	26	1	1.52	10.61	4.55	28.03	19.70	0.76	65.15
	总计	5	28	11	130	70	8	3.79	21.21	8.33	98.48	53.03	6.06	—

（三）培训时间

1. 教师工作时长对培训次数的影响分析

从图4-1可以看出，大部分金华市农村小学数学教师的每周课时数超过了11节，有部分小学数学教师每周课时数甚至已经超过了15节，如果再加上教师的备课、每周会议、课外辅导、家庭访问、社团活动等所需的时间，小学教师的工作任务量非常繁重，满满的工作安排也将对教师的培训进修时间产生很大的影响。

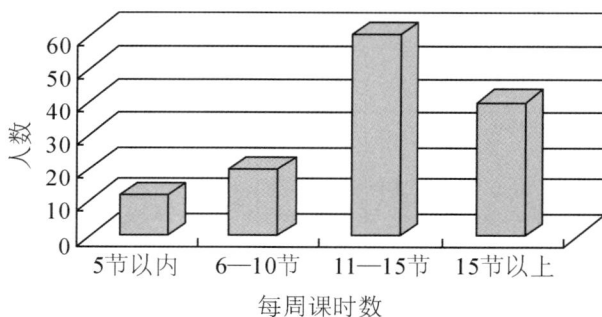

图4-1　金华市农村小学数学教师课时安排情况

教师的工作安排一定程度上影响着教师的培训次数。表4-13中的数据显示，课时数在15节以下的教师近一年均参加过培训，但是每周课时数在16节及以上的教师中却有6.06%近一年一次培训也没有参加。

表 4-13　工作时间对培训次数的影响情况统计

题目	选项	人数				所占百分比（%）				
		5 节及以下	6—10 节	11—15 节	16 节及以上	5 节及以下	6—10 节	11—15 节	16 节及以上	总计
您近一年来参加教师培训的次数？	A. 两次以上	12	12	20	17	9.09	9.09	15.15	12.88	46.21
	B. 两次	0	8	28	8	0	6.06	21.21	6.06	33.33
	C. 一次	0	0	12	7	0	0	9.09	5.30	14.40
	D. 一次也没有	0	0	0	8	0	0	0	6.06	6.06
	总计	12	20	60	40	9.09	15.15	45.45	30.30	100

2. 教师工作时长对培训时间的影响分析

教师的工作时长直接影响教师对培训时间的选择。从表4-14中可以看出：每周课时数在5节及以下的教师最赞成"占用工作日学习"，这些教师课务量相对比较少，工作闲暇时间比较充裕，因此更希望在工作日进行培训；每周课时数在6节以上的农村小学教师大部分都赞成"集中和分散相结合"的培训时间安排，同时，在每周课时数16节及以上的教师中也有部分教师赞成"占用工作日学习"，也许是因为教师工作量过大或者教学任务太繁重，导致教师期望借助教师培训来减少自己的教学课时数。每周课时数多的教师对于培训时间的安排更倾向于"集中和分散相结合"，这样的培训时间安排更有利于教师合理安排教学工作时间和生活时间。

表 4-14 工作时间对培训时间的影响情况统计

题目	选项	人数				所占百分比（%）				
		5 节及以下	6—10节	11—15节	16 节及以上	5 节及以下	6—10节	11—15节	16 节及以上	总计
对培训时间安排您最赞成：	A．集中和分散相结合	8	16	20	24	6.06	12.12	15.15	18.18	51.52
	B．双休日集中学习	0	0	8	0	0	0	6.06	0	6.06
	C．假期集中学习	3	4	16	5	2.27	3.03	12.12	3.79	21.21
	D．占用工作日学习	5	0	8	9	3.79	0	6.06	6.82	16.67
	E．分散学习	0	0	6	0	0	0	4.55	0	4.55
	F．其他	0	0	0	0	0	0	0	0	0
	总计	16	20	58	38	12.12	15.15	43.94	28.79	100

（四）培训形式

1. 教师教龄对培训形式需求的影响分析

表4-15的信息显示：教龄在5年及以下、6—10年、11—20年的教师更倾向于"观摩研讨"的培训形式，通过观摩研讨，有助于教师受到思想上的启发，同时得到方法上的指导；教龄处于21—30年和31年及以上的教师则更倾向于"集中培训"的培训形式；针对"外出考察"的培训形式，由于受到年龄、精力等因素的影响，教龄在31年及以上的教师选择这种培训形式的人比较少。调查显示，大多数金华市农村小学数学教师更倾向于"集中培训"的培训形式，这与教师的教学任务量、工作时间等因素有一定的关系。同时，也有部分教师倾向于"校本培训"的培训形式，因为校本培训可以打破教师培训在时间、空间方面的限制，有利于教师把培训进修与教学实践紧密联系在一起，更具有实效性，因此应该大力推广。

表 4-15　教龄特点对培训形式的影响情况统计

题目	选项	人数					所占百分比（%）					
		教龄≤5年	教龄6-10年	教龄11—20年	教龄21—30年	教龄≥31年	教龄≤5年	教龄6-10年	教龄11—20年	教龄21—30年	教龄≥31年	总计
您比较倾向于哪种形式的培训？（可多选）	A．脱产进修	7	1	7	3	2	5.30	0.76	5.30	2.27	1.52	15.15
	B．集中培训	12	0	7	9	28	9.09	0	5.30	6.82	21.21	42.42
	C．外出考察	11	3	8	4	2	8.33	2.27	6.06	3.03	1.52	21.21
	D．观摩研讨	21	7	29	8	9	15.91	5.30	21.97	6.06	6.82	56.06
	E．学术交流	4	5	9	7	4	3.03	3.79	6.82	5.31	1.52	21.97
	F．网上培训	8	0	8	0	3	6.06	0	6.06	0	2.27	14.39
	G．校本培训	11	0	0	5	6	8.33	0	0	3.79	4.55	16.67
	H．函授	4	0	0	0	0	3.03	0	0	0	0	3.03
	总计	78	16	68	36	54	59.09	12.12	51.52	27.27	40.91	—

2. 教师工作时间对培训形式需求的影响分析

教师的工作时间在一定程度上也影响着教师对培训形式的选择。表4-16的信息显示：每周课时数在5节及以下的教师更倾向于"集中培训"；每周课时数在6—10节的教师则更倾向于"外出考察"；每周课时数在11节以上的教师则选择了"观摩研讨"；每周课时数在16节及以上的教师则倾向于"校本培训"。访谈中了解到造成这种选择的大部分原因在于教师的教学工作量太大，教学时间安排紧凑，根本没有多余的时间。同时，一个学校人力资源本身有限，如果一大批教师同时出去培训，很容易扰乱学校的教学秩序和日常管理安排。

表 4-16　工作时间对培训形式的影响情况统计

题目	选项	人数				所占百分比（%）				
		5 节及以下	6—10 节	11—15 节	16 节及以上	5 节及以下	6—10 节	11—15 节	16 节及以上	总计
您比较倾向于哪种形式的培训？（可多选）	A. 脱产进修	0	0	5	15	0	0	3.79	11.36	15.15
	B. 集中培训	9	5	26	16	6.82	3.79	19.70	12.12	42.42
	C. 外出考察	0	9	7	12	0	6.82	5.30	9.09	21.21
	D. 观摩研讨	2	11	29	23	1.52	8.33	21.97	17.42	49.24
	E. 学术交流	8	6	10	5	6.06	4.55	7.58	3.79	21.97
	F. 网上培训	2	0	6	11	1.52	0	4.55	8.33	14.39
	G. 校本培训	4	0	0	18	3.03	0	0	13.64	16.67
	H. 函授	0	0	0	4	0	0	0	3.03	3.03
	总计	25	31	83	104	18.94	23.48	62.88	78.79	—

3. 培训形式认可程度分析

表4-17的数据显示，金华市农村小学数学教师最喜欢以"教学观摩"和"专家讲座"的形式进行培训，同时也很喜欢"小组讨论""自我反思""案例分析"和"与课题结合的教育教学研究"的培训形式。但是对于"观看影像资料"这一培训形式，有部分教师认为"比较差"，甚至有教师认为"非常差"。从中可以看出观看影像资料的培训效果不佳，教师收获甚少，所以应该少采用这种培训形式或者作出相应的调整和改进。

访谈中还了解到，如今培训学校（机构）的培训教师多采用传统的培训方式，培训形式比较单一，培训教师与学员之间的交流互动不够多，培训课堂不具灵活性和创造性，教学方法不丰富。培训教师授课过程中比较重理论、轻实践，而且对不同农村小学数学教师的原有知识水平、培训需求等了解甚少，培训缺乏针对性，整个培训显得程序化。参培教师在这样的教学环境中学习,必然导致学习积极性和学习热情的降低,教学效果自然会受到一定的影响。

表 4-17　培训形式认可程度情况统计

培训形式	分数				
	非常好	比较好	一般	比较差	非常差
专家讲座	180	256	96	0	0
观看影像资料	90	180	156	126	4
教学观摩	200	272	60	8	0
小组讨论	60	320	84	16	4
自我反思	120	304	96	0	0
案例分析	140	288	96	0	0
与课题结合的教育教学研究	120	272	120	0	0

(注:选择"非常差"记 1 分;"比较差"记 2 分;"一般"记 3 分;"比较好"记 4 分;"非常好"记 5 分。)

(五)培训经费

表4-18的数据显示:农村小学数学教师大部分培训经费都"由教育行政部门承担";也有"由教育行政部门和学校共同负担";小部分被调查的农村小学数学教师的培训经费"由教育行政部门、学校和个人三者共同负担"。从对培训教师的访谈中了解到,金华市教师培训进修的经费大部分都是由政府承担,这有利于减轻小学教师的生活压力,改善教师们的生活质量,提升教师参与培训的积极性。

表 4-18　培训经费分担情况统计

题目	选项	人数
您参加的教师培训进修中,经费的分担形式为:(可多选)	A. 由教育行政部门、学校和个人三者共同负担	21
	B. 由教育行政部门和学校共同负担	28
	C. 由学校负担	14
	D. 由学校和个人共同负担	7
	E. 由个人负担	0
	F. 由教育行政部门承担	69

（六）培训内容

表4-19的数据显示：农村小学教师对于"新课程理念与课程开发""学科教学方法""师德教育"和"课堂及班级事务管理"等培训内容需求较高，而对于"教师权责、学校事故处理"和"提高学历层次"等培训内容的需求则相对比较少。这充分说明农村小学数学教师更注重培训进修带来的具现实意义的教育教学能力、教育观念、教学方法等方面的提升，而不是被学历等所束缚，目光比较长远。

从访谈中了解到，教师对于培训内容的需求更偏向于有实用性的，例如学科教学方法、课堂及班级事务的管理等，这些都与教师的教学和学生的管理等密切相关。从对培训学校（机构）的访谈中了解到，大部分培训学校（机构）在开展教师培训前未对农村小学教师进行需求调查，现在的教师培训多与农村小学教学的实际情况不相对应，甚至脱节，因此不具针对性。同时，不同教学观念、不同知识水平的教师对于培训内容的需求情况也完全不相同。面对教师多样化的培训需求，对不同的教师群体开展不同内容的培训是今后教育行政部门和培训学校（机构）的工作重点。

表4-19 教师培训内容需求情况统计

课程内容	分数				
	非常需要	比较需要	一般	不太需要	完全不需要
新课程理念与课程开发	360	208	24	0	0
本学科前沿知识	160	272	48	24	0
学科教学方法	340	208	24	8	0
师德教育	295	176	72	10	0
课堂及班级事务管理	320	204	39	8	0
信息技术与外语	200	224	108	0	0
教研培训	275	260	36	0	0
教师权责、学校事故处理	240	244	48	14	0
提高学历层次	220	240	63	8	3

（注：选择"完全不需要"记为1分；"不太需要"记2分；"一般"记3分；"比较需要"记4分；"非常需要"记5分。）

(七) 培训效果

表4-20的数据显示,如今金华市农村小学数学教师通过培训获得的最大收获就是"提高了教学及科研能力"和"更新了教育理念、开阔了教育视野",其次为"掌握了现代教育技术与方法""更新了知识结构"和"增强了师德观念"。这充分符合教师参与培训进修的目的,同时也符合农村小学数学教师的培训需求。

表 4-20　教师培训收获情况

培训收获	人数
提高了教学及科研能力	82
增强了师德观念	43
掌握了现代教育技术与方法	58
更新了知识结构	47
更新了教育理念、开阔了教育视野	78
提高了学历层次	4
没有多少收获	2

表4-21的信息显示,如今金华市农村小学数学在教师培训中遇到的最主要的困难为"培训时间不够灵活",其次为"年龄或精力限制""培训内容实用性不强"和"培训费用负担重",而"学校领导不够重视"这一困难基本不存在。

表 4-21　教师培训中遇到的困难统计

困难	人数
培训内容实用性不强	32
培训时间不够灵活	108
培训费用负担重	23
年龄或精力限制	58
学校领导不够重视	0

根据了解，浙江省中小学教师培训要求五年轮训一遍，专业培训时长不少于360学时。小学教师参与培训的期限不定，往往根据学校安排进行在职培训。教师们不仅要按时参加培训，完成培训机构规定的一系列任务和学时，而且还要完成学校的教学任务和工作，由于培训缺席的教学课时需要教师用其余时间及时补上。工学时间冲突导致教师无法保质保量地完成相应的培训任务。

有部分教师希望把培训时间安排在假期或者双休日。日常工作中巨大的工作量已经让这些教师感到时间不够用了，因此只有占用假期或者双休日进行培训，他们才能参加。但也有些教师觉得不能占用这些教师的法定休息日，教师已经将大部分时间花费在教学上，身体上的疲劳加上心理上的疲倦使得教师必须通过这些节假日进行休息，保持身体健康。工作时间与培训时间之间的矛盾是一个突出问题，也是开展教师培训进修工作要解决的基础问题。

（八）培训师资

针对现今金华市农村小学数学教师对于培训师资队伍构成期望的调查（表4-22）显示：绝大部分农村小学教师希望培训师资队伍由"经验丰富的教学一线骨干教师"构成，其次希望由"课改专家""教科研人员""教材编写者"和"高校教授"构成，只有很少部分教师希望培训师资队伍由"教育行政部门领导"构成。

表 4-22　教师期望的培训师资构成

题目	选项	人数
您对培训师资构成的期望是? (可多选)	A. 课改专家	43
	B. 高校教授	32
	C. 教科研人员	49
	D. 教材编写者	36
	E．经验丰富的教学一线骨干教师	89
	F 教育行政部门领导	6

(九)培训学校(机构)

针对现今培训学校(机构)存在的主要问题的调查(表4-23)显示:绝大部分农村小学教师认为现今教师培训学校(机构)存在的问题主要是"培训内容实用性不强""培训时间安排不合理"和"培训内容针对性不强",其次为"培训教材、资料缺乏""培训方法落后"和"培训效果的评价机制不完善"。

培训课程完成之后,培训教师要对学员们进行考核和评价。从访谈中了解到,培训结束后,教师基本都能拿到合格以上的成绩,培训考核只是培训的一个基本环节。层次比较高的国培和省培等,都会有相应的培训考核和评价制度,但一般比较趋于形式化,有时培训考试只需完成一张卷子,然后由培训者对学员的成绩盖个章,培训就算完成了,而对于培训教师的后期跟踪调查和培训效果分析等基本没有。这说明没有形成一套合理有效的培训效果评价机制。

调查结果显示,只有较少教师认为培训学校(机构)存在的问题为"培训教师水平不高"和"日常管理不到位",表明如今金华市农村小学教师培训师资队伍的教学水平令人满意,培训的日常管理和流程也比较完善。

表 4-23　培训学校（机构）存在问题情况

题目	选项	人数
您认为培训学校（机构）存在哪些问题？（可多选）	A. 培训教师水平不高	8
	B. 培训方法落后	17
	C. 培训内容实用性不强	55
	D. 培训内容针对性不强	42
	E. 培训时间安排不合理	45
	F. 培训教材、资料缺乏	25
	G. 日常管理不到位	8
	H. 培训效果的评价机制不完善	12

通过对金华市农村小学数学教师培训进修现状的调查与分析，笔者得出结论如下。

第一，调查显示，金华市农村小学数学教师的培训意识较强，认为教师培训是有必要的，这充分显示了教师培训进修的必要性和重要性。

第二，金华市农村小学数学教师的培训经费主要由教育行政部门承担，这在一定程度上减轻了农村小学教师的经济压力。

第三，对参培教师培训收获的调查显示，农村小学数学教师在教学及科研能力、教育理念和教育视野等方面收获比较大，说明目前金华市农村小学数学教师培训工作取得了一定的成效。

第四，针对金华市农村小学数学教师培训困惑的调查中反映出培训内容针对性不强、实用性不强，参培教师更期望获取"新课程理念与课程开发""学科教学方法""师德教育"和"课堂及班级事务管理"等与教育教学和学生管理紧密相关的培训内容。

第五，针对金华市农村小学数学教师面临培训困难的调查反映出培训时间安排不够灵活，教师繁忙的工作与培训之间产生了一些矛盾。

第六，金华市农村小学教师对于未来的职业发展目标定位比较低，受调查教师大部分都将个人职业发展目标定为普通教师，这将对教师参加培训的积极性产生一定的影响。

第七，对部分农村小学数学教师的访谈反映出如今教师培训的形式比较单一，培训教师重理论、轻实践，一般采用传统的教师讲解的培训方式。

第八，培训学校（机构）对培训效果的评价机制不完善，未形成一套科学合理的评价机制，不能对培训效果进行有效评价。另外，培训学校（机构）中还存在培训教材、资料缺乏的问题。

三、对策与建议

（一）根据培训需求合理安排培训内容

农村小学教师是培训主体，培训者必须首先了解他们的培训需求才能开展相应的培训工作。只有了解参培教师的培训需求，才能确定培训的方向、培训的内容、培训的形式等，需求与供应一旦相匹配，就能达到预期的目的和效果。培训内容具有针对性才能激发参培教师的培训积极性和热情。培训学校（机构）可以通过问卷或访谈等调查教师培训需求，然后科学合理地安排培训内容，提升教师培训成效。

根据调查，大部分农村小学教师认为要学习如何根据学生生理、心理特点实施针对性教育，也有部分教师认为要加强对新教材的理解和把握。因此，培训者在安排培训内容时，要将重点放在这些方面，如设置学生生理知识和心理知识培训、新教材剖析培训等内容，满足教师的需求，促进培训工作的有效开展。

（二）安排集中与分散相结合的培训时间

笔者发现大部分教师都比较赞成集中和分散相结合的培训时间安排，这样的安排方式更机动灵活，更容易被有不同需求的教师所接受。另外，每周课时数在15节以上的教师中有部分近一年一次培训也没有参加,这显然不利于教师的专业发展。因此必须建立科学合理的培训时间安排制度,同时考虑到相关学校的长远发展,建议学校采取措施,减少一些教师的课时数,留给教师足够的时间参与培训。

（三）制定合理有效的激励制度

金华市农村小学数学教师对未来职业发展目标的定位比较低,普遍只追求做一名普通教师,甚至有的教师目前还没有目标,而将未来职业发展目标定为"教育专家""特级教师"和"学科带头人"的教师所占比例却不是很大。教师职业发展目标定位低会直接影响教师的培训积极性。目标是成长的动力源泉,没有远大的目标就没有奋斗的动力。因此,教育行政部门应该建立一套科学合理的激励制度,激发参培教师的培训积极性,将教师培训与职位评定、考核制度等联系在一起,加强参培教师的信心。

（四）丰富培训形式和手段

从与金华市个别农村小学数学教师的面对面访谈中,笔者了解到参培教师对于培训者陈旧的培训方法已经感到厌倦。培训者多采用传统的授课方式,这与教师们不断进步的思想不相匹配。当培训教师跟不上时代的脚步时,参培教师的上课积极性就会明显降低,因此,丰富培训教师的培训方式很有必要。提倡采用案例分析、探究研讨、情景模拟等多种方式,丰富课堂教学形式和手段,展开相应的培训工作。这不仅有助于提高参培教师的学习积极性,同时也能提升培训教学效果。

访谈中也了解到,教师们更希望以专家到校授课或者举办讲座的形式进行教师培训。在教学任务量大、教学时间安排比较紧凑的情况下,专家来学校授课更能满足他们的现实需求。同时,很多教师都比较倾向于参加校本培训。校本培训不仅可以针对不同学校教师的不同需求进行培训，而且培训工作都在自己学校里完成，这解决了教师培训时间和工作时间相冲突的问题。因此，笔者建议大力发展校本培训，加快教师培训工作的开展。

（五）完善培训效果的评价机制

在对培训学校（机构）存在问题的调查中发现，培训效果的评价机制不完善。如今逐渐趋于形式化的教师培训越来越脱离实际，会导致教师时间的浪费和国家资源的浪费。为了充分调动起农村小学教师的培训积极性，应该尝试完善目前的培训评价机制，建立科学的评价制度，强化对培训质量的监督和管理，对培训的过程和结果进行实时评价，将定期考核和平时考查科学合理地结合在一起，注重评价的实效性。同时，根据评价过程中出现的一系列问题及时对培训方案做出调整，完善评价机制；也可对完成培训的教师进行跟踪，真正了解培训效果，不断提高培训工作的质量。长此以往，培训效果才能真正有所改善。

（六）增加培训资源

在对培训学校（机构）存在问题的调查中发现，存在培训教材、资料缺乏的情况。面对小学教师培训需求的多样化，培训资料也需要不断丰富。相关培训学校（机构）应该增加农村小学教师培训教材和资料，同时加大开发其他培训资源力度，引进先进资源，优化资源结构，缩小城乡教育质量的差距，促进城市和农村教育事业的和谐发展。

第 五 章

农村小学数学教师专业发展外部因素

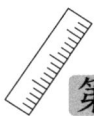

第一节　教研活动

　　近年来,伴随着基础教育改革的推进,越来越多的学校开展了校本教研。但是,综观各校的校本教研情况,不难发现,每个学校的校本教研都存在着一定的问题。特别是对于农村小学来说,校本教研开展的好坏在很大程度上影响了该校的教育质量和基础教育改革的推进。虽然农村小学开展校本教研已取得一定成效,但仍存在着许多的问题,面临许多的困惑和挑战,因此,有必要做深入研究,以找到解决问题的对策。

　　本节主要是针对金华市农村小学数学校本教研实施现状的研究,研究具有理论和实践两方面的意义。

　　首先是理论意义。校本教研的开展,有利于基础教育课程改革的有效推进,转变教师的教育观念。同时,校本教研活动的开展,使学校不仅是学生的成长地,也是教师的成长地,教师在这里由稚嫩走向成熟。校本教研应基于学校、教师、学生的现实情况,以教研组为主体,对学校教学和管理等工作中存在的问题进行交流讨论,汲取专家、教师群体的智慧,解决各种问题,从而促进学校教学质量的提高。

　　积极解决农村教育中存在的问题,改善农村学校的办学条件,逐步提高教育教学质量,是提高我国教育总体发展水平的重要措施。不论是从小学教育在基础教育中的重要地位来看,还是从小学在农村学校中所占的比例来看,农村小学教育都是农村教育的重点。因此,作为基础教育课程改革推进主要途径的校本教研,要在农村小学得到进一步的推广和应用,就要结合农村小学自身情况,有效解决教育教学和学校发展中遇到的种种问题,实现学校、教师和学生的共同发展。

其次是实践意义。本研究通过对农村小学数学教研组的调查,发现农村小学教育其中发展良好的方面和存在的问题,并分析原因。本研究可以为农村小学数学教师提供一些理论基础知识,使更多农村小学数学教师进一步加强对校本教研的理解与认识;也可以使管理者准确理解并把握关键点,有效、科学地管理校本教研活动;还可以为改善农村小学数学校本教研中存在的问题提供丰富的建议,提高农村小学教学质量。

一、概念界定

(一)校本

"校本"这一概念是从英文中引入的,正确的理解是"以学校为基础"。在我国,许多学者对"校本"有着自己的见解。如丁伟红认为校本是以学校为基础,以学校为焦点,以学校为中心,以学校为场所。另外,郑金洲教授对"校本"的解释又有所不同,本研究即采用了他对"校本"的解释:"以学校为本""以学校为基础"。这里的"校本"有三个方面的含义:一是为了学校,二是在学校中,三是基于学校。[①]

---

① 郑金洲、林存华:《认识"校本"》,《教育理论与实践》2001年第5期。

（二）教研

1957年，教育部就加强学校的教学工作颁布了《关于中学教学研究组工作条例（草案）》，其中规定教研组的任务是组织教师进行教学研究工作，总结、交流教学经验，提高教师思想、业务水平，以提高教育质量。"教研"这个概念由此被广泛采用。教研广义上指"教学研究"，包括教育、教学、管理等多个内容，既包含理论研究，也包含应用、实践研究。本研究中的"教研"采用的是这种定义。

（三）校本教研

基于以上对"校本"和"教研"的概念界定，"校本教研"可以理解为：在各级教育机构、学校等教研共同体的支持下，以学校为基础，以学校教学活动中遇到的实际问题为研究对象，以促进学校、教师、学生共同发展为目的，将研究成果运用于学校教育、教学、管理等实践中的研究活动。

余文森教授认为，教师个人、教师集体、专业研究人员是校本教研的核心要素；教师的个人反思、教师集体的同伴互助、专业研究人员的专业引领是开展校本教研和促进教师专业化成长的三种基本力量。[1]

（四）农村小学数学校本教研

按照《数学新课标》，小学数学可以分为"数与代数""图形与几何""统计与概率""综合与实践"四个学习领域。因此，本研究中的农村小学数学校本教研是指农村小学以自己学校为基础，以本校的数学教研组为主体，开展的有关本校数学教育、教学、管理等方面实际问题的研究活动。

---

[1] 余文森、吴刚平、刘良华：《探索以校为本的教学研究》，华东师范大学出版社2005年版，第6页。

二、研究对象及方法

（一）研究对象

本研究以金华市农村小学数学教研组作为研究对象，发放问卷150份，回收问卷135份，其中有效问卷为128份。

本次研究共涉及128名农村小学数学教师，其中男教师44人，女教师84人；中师或中专学历的有36人，大专学历的有32人，本科学历的有44人，硕士及以上学历的有16人；教龄在0—2年的有16人，3—8年教龄的有20人，9—15年教龄的有44人，16年及以上教龄的有48人。

所有问卷均采用匿名方式进行，笔者还在调查过程中走访了部分农村小学，以获得更加翔实的一手资料。

（二）研究方法

本研究主要采用问卷调查法和访谈调查法。

调查问卷共由两部分组成：第一部分是农村小学数学教师的基本情况，包括性别、学历、年龄、教龄、职称等；第二部分是自编的农村小学数学校本教研现状调查问卷，包括了校本教研的内容、形式、成效。

访谈的主要对象是学校校本教研的负责人、数学教研组组长。访谈提纲中设计了9个问题，对问卷中未详的内容进行延伸。

三、相关数据分析及研究结论

（一）农村小学数学校本教研的内容

1. 对农村小学数学校本教研内容的调查结果

笔者首先对农村小学数学教研组组织的校本教研活动内容进行了调

查,调查结果如表5-1所示。

表 5-1　校本教研内容的调查统计（N=128）

题目	选项	人数	百分比（%）
您参加过的校本教研有： （可多选）	A. 研究学生学习问题	76	59.375
	B. 研究教师教学问题	104	81.250
	C. 考试与考试评价问题	32	25.000
	D. 学校发展问题	12	9.375
	E. 其他	4	3.125

通过问卷调查结果,笔者发现现在农村小学数学教研组组织的数学校本教研活动的内容主要是"研究教师教学问题",占81.250%;其次是"研究学生学习问题",占59.375%;有25.000%的教研活动内容关于"考试与考试评价的问题";而关于学校发展等其他问题的教研活动所占比例很小。此外,对教研组组长等人的访谈也证实了这一情况。表5-2是金华市某农村小学举办过的一些数学校本教研活动。

表 5-2　金华市某农村小学举办过的部分数学校本教研活动

诊断课	校本教研内容
"认识角"	老师怎样提问更有效？
"可能性"	概率课怎样上更有效？
"9 加几"	如何促进青年教师的专业成长？
"什么是面积"	如何更有效地突破"面积"这一难点的教学？ 如何有效进行概念课教学？
"小数乘法"	算理课怎样上更有效？
"图形的旋转"复习课	复习课怎样上更有效？
"角"复习课	怎样理解新课标中的教学目标？
"图形中的规律"	教学中是注重学生的发现能力,还是规律的应用？

笔者发现,和完小相比,镇小的数学校本教研的内容相对要丰富一些,如某镇小举办了有关"小学生数学解题能力"的教研活动。

由此可见,农村小学数学校本教研的内容相对以前来说已经更为丰富了，但还缺少关于学校发展、考试评价等方面的活动。造成这种现状的原因是多样的，因此，笔者也对造成农村小学数学校本教研内容现状的原因进行了调查。

2. 造成农村小学数学校本教研内容现状的原因

（1）国家新课程改革政策的实施推广。

随着基础教育改革政策、新课程理念的不断实施，所有学校都在实行改革，所有教师都在接受新课程理念，不断地发展。即便是农村小学，也在开展校本教研，并不断丰富学校本教研的内容。

（2）对校本教研内容的认识不全面。

由图5-1可知，农村小学数学教师对校本教研内容的认识涉及了学校教学、管理的各个方面。其中，认为校本教研是研究教师教学、学生学习问题的数学教师占了大部分；认为校本教研是研究考试与考试评价、学校发展等问题的数学教师所占比例较少。深入研究每位农村小学数学教师的回答，数据如表5-3所示。

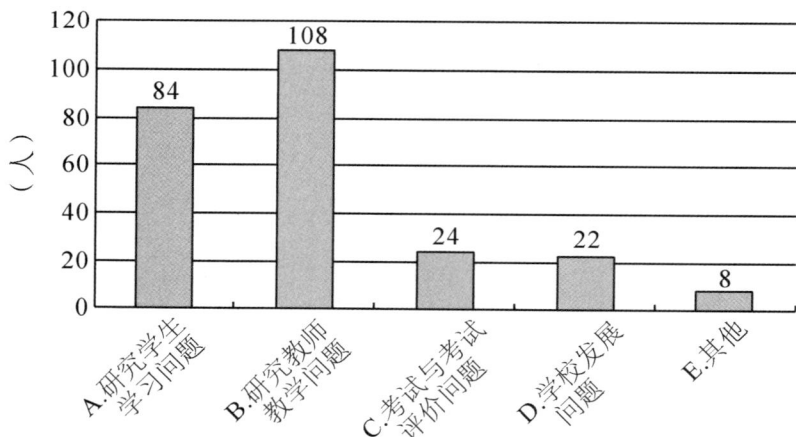

图5-1　对校本教研内容认识程度的统计

表5-3　对校本教研内容认识程度的调查结果（N=128）

题目	选项种类	百分比（%）
	B	15.625
	AB	37.500
	AC	6.250
您认为校本教研的 内容包括:（可多选）	AD	18.750
	BC	9.375
	BD	12.500
	BE	6.250
	ABC	3.125

（A.研究学生学习问题，B.研究教师教学问题，C.考试与考试评价问题，D.学校发展问题，E.其他）

从表5-3中可以发现，有15.625%的数学教师认为校本教研就是研究教师教学问题，这种对校本教研内容的认识太过狭隘；37.500%的数学教师认为校本教研是研究教师教学和学生学习问题，占最大的比例，这与农村小学数学校本教研实际开展的情况相符。此外，通过访谈和问卷调查得知，教研组组长和大多数教师也意识到校本教研的内容是多样的，但是他们的认识也是不全面的。教研组组长在一个教研组组里面起着领头作用，如果连教研组组长自己都不是很清楚，该校的数学校本教研内容必然比较片面。

（3）对校本教研理论的了解程度不够深。

走进农村小学会发现，农村小学数学教师以35—55岁居多，而教研组组长的年龄想必也是较大的，特别是一些乡下的完小。

从表5-4可以看出，75.00%的农村小学数学教师"学习过理论并付诸实践"，其中以教龄在9—15年的教师居多。17.19%的农村小学数学教师"学习过理论但没付诸实践"；"听说过但不太了解"的占7.81%，其中教龄在2年及以下的教师所占比例为0，说明了新课程理念正在不断地被广大教师所接受并实践；教龄较大的教师一时难以改变自己的教学观念，但也没有教师没听说过"校本教研"。由于农村小学位置较偏，信息较为闭塞（特别是一些完小），农村小学数学教师的理论学习往往不够全面。另外，一些年龄较大的数学教师的学习能力不是很强，不能很快、很全面地接受新理念，较容易断章取义。

表5-4 对校本教研了解程度的统计（N=128）

题目	选项	教龄（年）				百分比（%）			
		≤2	3—8	9—15	≥16	2	3—8	9—15	≥16	总计
您对校本教研的了解程度是：	A.学习过理论并付诸实践	12	14	32	38	9.38	10.94	25.00	29.69	75.06
	B.学习过理论但没付诸实践	4	4	8	6	3.13	3.13	6.25	4.69	17.19
	C.听说过但不太了解	0	2	4	4	0	1.56	3.13	3.13	7.81
	D.没有听说过	0	0	0	0	0	0	0	0	0

造成这一现状，学校也有着一定的责任。有些学校要求年轻教师一定要参加学校的教研活动，但对一些教龄在31年及以上的教师不做硬性规定，参加与否可以由他们自行选择。这也导致他们的教育观念不能及时改变，不能跟上时代的潮流。

（二）农村小学数学校本教研的形式

1.对农村小学数学校本教研形式的调查结果

确定了校本教研的内容，就要通过不同的形式将其组织起来。农村小学数学校本教研的形式也是笔者研究的一方面。

从表5-5中可以发现，农村小学数学校本教研的形式总体来看是多样化的，有课题研究、听专家讲座等。但深入研究还是会发现一些问题。不是所有的农村小学都有这些形式的教研活动，而且有些活动开展的次数只有一学期1—2次。笔者对三所具有代表性的农村小学的数学校本教研形式进行了统计，如表5-6所示。

表5–5　校本教研形式的统计（N=128）

题目	选项	人数	百分比（%）
您参与过的校本教研的形式有：（多选题）	A. 专题研讨	8	6.25
	B. 课题研究	32	25.00
	C. 听专家讲座	68	53.13
	D. 听课评课	84	65.63
	E. 教学竞赛	20	15.63
	F. 阅读书籍	24	18.75
	G. 撰写论文并反思	16	12.50
	H. 集体备课	20	15.63
	I. 教学论坛	4	3.13
	J. 观摩骨干教师上课	24	18.75
	K. 其他	0	0

　　从表5-6可以发现，"专题研讨"和"听课评课"是每所农村小学数学校本教研所必备的形式，通过访谈也了解到，这两种形式的数学校本教研举办的频率是最高的。除了这两种形式，农村小学还有别的形式的数学校本教研，举办的次数都在1—3次之间。如2013—2014学年第一学期，农村小学1举办的别的形式的数学校本教研活动为"撰写论文并反思"（1次），"集体备课"（2次）等；农村小学2举办的别的形式的数学校本教研活动为"听专家讲座"（1次），"教学竞赛"（1次），"观摩骨干教师上课"（1次）等；农村小学3举办的其他形式的数学校本教研活动为"课题研讨"（1次），"教学竞赛"（1次），"阅读书籍"（2次），"集体备课"（1次）等。离城里较近的农村小学的数学教师听专家讲座、观摩骨干教师上课的机会比离城较远的多。镇小的数学校本教研形式比完小丰富一些，如某镇小举办了"送教下乡"的数学校本教研活动。

表 5-6　三所具有代表性的农村小学数学校本教研形式的统计

形式	农村小学 1	农村小学 2	农村小学 3
A.专题研讨	有	有	有
B.课题研究	无	无	有
C.听专家讲座	无	有	无
D.听课评课	有	有	有
E.教学竞赛	无	有	有
F.阅读书籍	无	无	有
G.撰写论文并反思	有	有	无
H.集体备课	有	无	有
I.教学论坛	无	无	无
J.观摩骨干教师上课	无	有	无
K.其他	无	无	无

　　总体来说，农村小学数学校本教研形式是多样的；但就单所学校而言，其形式还是不够丰富。

2. 造成农村小学数学校本教研形式现状的原因

（1）新课程改革的推广。

　　新课程改革的春风也吹到了农村小学，农村小学数学教师也在不断学习新课程理念并付诸实践，他们意识到了校本教研的形式是多种多样的，也在努力实施，但由于各种现实因素的影响，实施的成果并不是很理想。

　　（2）地理位置较偏，缺少良好的教育资源，教学环境不理想。

　　农村小学的地理位置比较偏，有些交通还不方便，而专家、教研员等专业人员基本住在城里，他们去农村小学的机会较少，也不能及时地把校本教研的新理念、新方法传达到农村小学，导致有些农村小学数学校本教研形式较单一。农村小学的教育资源相对较差，师资力量不够强大，再加上农村小学数学教师的工作任务比较繁重，他们没有太多的心思、激情去做数学校本教研。笔者调查的一所农村小学，总共也就7个数学教师，有6个班级，办公室里的设备较差；在教一年级的时候，教师需要包班，教其他年级时，即使不用包班,也是要教几门副课的。工作忙的时候,他们也就没有心思去参加校本教研了,数学教研组也会因此取消数学校本教研活动。在这种情况下,农村小学数学校本教研的形式能丰富起来吗?

（3）农村小学数学教师的交流意识较薄弱。

据表5-7可知,多数教师愿意常与其他教师交流自己的想法,会希望在思维的碰撞中产生新的火花,提高自己的教学水平,产生创新的思维。在日常教学中,多数小学数学教师不经常走入其他教师的课堂进行观摩分析学习,除非上级要求。农村小学数学教师本来就缺,往往一个数学教师要教好几个班级,而且数学课基本上都在上午,数学教师其实是没什么机会去听其他数学教师的课的。这是现实导致的,要想改变,必须从根本上着手。这也说明在农村小学中,小学数学校本教研没有落实到平时的常态课中去。教师若缺乏交流的意识,就突破不了原有的框架,难以发现适合本校的数学校本教研新形式。

表 5-7　教师交流意识的调查结果统计（N=128）

选项	您在工作中有了新的想法和做法,能尽快与同事交流	除了专门组织的听课和评课,平时会走进别人的课堂
总是	15.60%	3.13%
经常	53.10%	25.00%
有时	25.00%	43.75%
偶尔	6.30%	25.00%
从不	0	3.13%

另外,笔者发现农村小学之间的沟通交流也很少。农村小学数学教研组很少举行"教学竞赛"这一类型的校本教研活动,且基本上是在自己学校内组织活动。这样,信息、资源流通不便,数学教研组就不能及时获得新的理念、新的方法来突破自我。

（三）农村小学数学校本教研的成效

1. 对农村小学数学校本教研成效的调查结果

农村小学开展数学校本教研活动，对学校、教师都有一定的提升作用。

分析表5-8、图5-2可知，农村小学数学校本教研已取得一定的成效。65.625%的农村小学数学教师认为听课评课对其教学有明显的帮助；除此之外，课题研究和观摩骨干教师上课对教师的帮助也较大。它们通过解决教学中的实际问题，提高实际教学能力，促进了教师教学水平的提高，促进了学校的发展。

表5-8　校本教研收获的统计（N=128）

题目	选项	人数	百分比（%）
以下校本教研形式让您收获较大的是：（多选题）	A. 专题研讨	8	6.25
	B. 课题研究	32	25.00
	C. 听专家讲座	20	15.63
	D. 听课评课	84	65.63
	E. 教学竞赛	12	9.38
	F. 阅读书籍	24	18.75
	G. 撰写论文并反思	4	3.13
	H. 集体备课	8	6.25
	I. 教学论坛	8	6.25
	J. 观摩骨干教师上课	24	18.75
	K. 其他	0	0

2. 造成农村小学数学校本教研成效现状的原因

农村小学数学校本教研虽然已有了一定的成效，但尚不明显，这是由多方面的原因造成的。以下对农村小学数学教师在校本教研中遇到的困难进行了统计，如图5-3所示。

分析调查结果发现，"时间紧、负担重、动力不够"是农村小学数学教师遇到最多困难，这是要改善农村小学数学校本教研现状，首先要解决的问

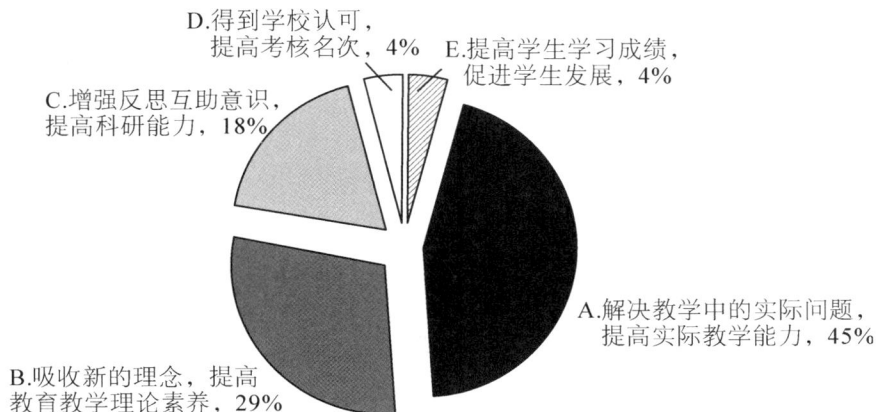

D.得到学校认可，提高考核名次，4%
E.提高学生学习成绩，促进学生发展，4%
C.增强反思互助意识，提高科研能力，18%
A.解决教学中的实际问题，提高实际教学能力，45%
B.吸收新的理念，提高教育教学理论素养，29%

图 5-2　教师参与校本教研获得的收获统计

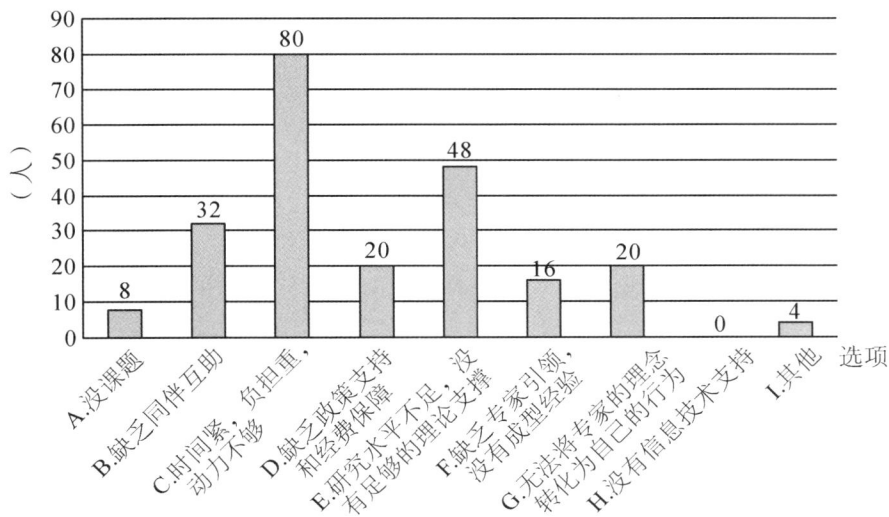

图 5-3　教师在校本教研活动中遇到的困难统计

题。其次是"研究水平不足，没有足够的理论支撑"，其余几项选择人数较少。

从农村小学数学教师遇到的这些困难中，我们可以找到导致农村小学数学校本教研效果不明显的一些原因。

（1）学校对校本教研的支持力度不够，缺乏完善的校本教研制度。

一所学校对校本教研的态度很大程度上决定了该校校本教研活动开展

情况。根据调研结果,有些农村小学数学教研组对数学校本教研的重视不够,导致该校没有组织数学校本教研,或者即使组织了也只是走走形式,没有真正落实,那么该校的数学教师也就没有激情去参加校本教研了。大多数的农村小学还是支持校本教研的开展,并制定了一些政策来保障校本教研的实施。学校对校本教研态度的调查结果如图5-4所示。

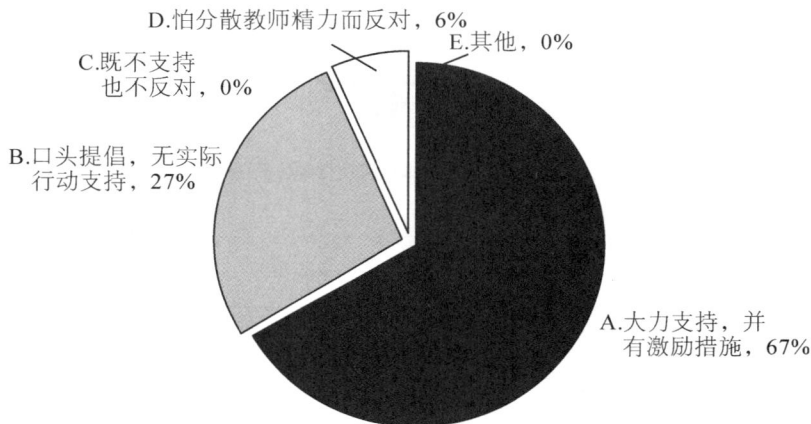

图 5-4　学校对校本教研态度的统计

调查、访谈发现,上级部门虽然对校本教研做了一定的规定,但农村小学实施起来有较大的困难。大部分农村小学的数学校本教研处于摸索、完善阶段,因此,制度也不完善,存在不足之处。大多数的农村小学是每两周开展一次数学教研活动,有着固定的周期;基本上是由数学教研组组长来主持的,流程基本相似;最后大多数时候是由数学教研组组长发表总结,有时评价过于片面;没有激励制度,慢慢磨灭教师的激情。有些农村小学数学校本教研活动有着固定的资金支持,但有些是没有的。这些都导致农村小学数学校本教研的效果不明显。

调查中发现,大多数农村小学数学教师认为自己得到的校外专家的指导太少,只有9.38%的教师可以经常得到校外专家指导,而53.13%的教师只有偶尔才能得到校外专家的指导。就连有些农村小学的数学教研组组长也说，在现阶段的数学校本教研活动中，最大的困难就是缺少专家的指导，缺少领头羊。

（2）教师的学习意识、反思意识不强。

从表5-9可以看出，大多数的教师都意识到了学习的重要性。但通过分析发现：学历越高、教龄较短的小学数学教师学习意识越强，越有欲望提升自己的教学能力，富有教学激情；学历较低、教龄超过30年的农村小学数学教师的学习意识较弱，他们基本上不愿意去改变现状，缺乏教学激情。而农村小学数学教师大多数是中青年教师，他们虽然有学习的意识，但学习效果不好，时间一久就没有激情去进行校本教研了，有些即使去参加了，也是迫于无奈。

表5-9　教师学习意识的调查结果

选项	在工作中，您会自觉将收获加以整理	您关注教育教学方面的热点问题
总是	21.875%	18.750%
经常	34.375%	46.875%
有时	37.500%	28.125%
偶尔	6.250%	6.250%
从不	0	0

教学反思是提升教师教学能力和教学效益的助推器，也是教师成长的重要路径。叶澜教授说："一个教师写一辈子教案难以成为名师，但如果写三年反思则有可能成为名师。"由此可见，教学反思很重要。但是，农村小学数学教师反思的时间较少。

从表5-10可知，多数教师能自己独立解决问题，有一定的教学反思能力，但仍有不足。在教学活动中，有68.750%的教师能"总是""经常"反思自己的教学活动，及时总结经验，弥补不足之处。但在实际情况中，大多数教师的反思仅仅停留在将有疑问的内容在头脑中进行一遍回顾和梳理，只是表面的，并没有深入思考，寻找解决问题的途径。而在遇到问题时，只有

62.500%的数学教师会及时查找资料自行解决。另外,教师尽管希望能解决教学中遇到的困惑,却很难将这些问题转换成研究的课题,这也是校本教研中遇到的一个难题。同时,农村小学数学教师平常与专家交流的次数过少,只有9.375%的教师会经常与专家交流,把自己的疑惑、见解与专家探讨;而其余教师的学习反思都只是停留在表面,只有交流当时感触很深,时间一久就遗忘了,还是没有达到预期的效果。这也导致农村小学数学教师很少能将校本教研的成果应用到自己的教学活动中去。

表 5-10 教师反思意识的调查结果

选项	您会通过反思发现教学工作中的问题	在教学工作中遇到问题时,您会通过查找相关资料自己解决	校外专家进校指导时,您与专家的交流频次
总是	9.375%	25.000%	0
经常	59.375%	37.500%	9.375%
有时	31.250%	37.500%	31.250%
偶尔	0	0	53.125%
从不	0	0	6.250%

农村小学数学教师中,只有28%的教师能"总是""经常"把校本教研活动的成果及时地应用到自己的课堂教学中,及时总结;其余教师不能及时把校本教研活动的成果应用到自己的教学中,导致校本教研的效果不明显。调查结果如图5-5所示。

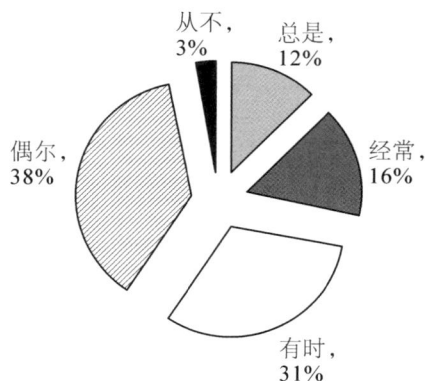

图 5-5 教师应用校本教研成果情况

从上述研究可以发现,农村小学数学校本教研的内容相对以前更为丰富,形式多样化,并取得了一定成效;但部分农村小学缺乏专家引领,没有健全的校本教研制度,校本教研的内容较片面;部分农村小学数学校本教研的形式较单一,成效有限。

造成这种现状的原因有以下几点:

第一,农村小学数学教师对校本教研的理解不够深入,缺乏理论知识的储备。

第二,农村小学数学校本教研缺乏健全的校本教研制度支撑,缺乏专家的引领。

目前,农村小学的数学校本教研活动形式基本上是教研组内上公开课、组织教师听课评课、集体备课设计教学方案。在课后,学校主管教学的领导也常常只是针对单节课综合几方面的意见,做个总结性评述,并没有结合本校和教师的实际进行分析,只是走走形式,评价的主体、内容不够多元化,对教学起的作用不大。农村小学数学教师本来就承担着繁重的教学工作,又花费了很多的时间、精力去准备这一堂课,可是上完之后,没有人对他的课进行实质性的评价,没有得到激励,那么教师也会觉得没意思,下次就不认真准备了。此外,有些农村小学没有关于校本教研经费投入的相关规定。一些农村小学数学教师要自费做课题研究,导致他们参与校本教研的积极性不高。

四、对策与建议

(一)提升农村小学数学教师的校本教研理论知识水平

只有使教师对"校本教研是以校为本,研究教育、教学、管理中的实际问题"这一核心概念有正确、深入的理解,教师才会关注教育、教学、管理中的问题，从而形成教研主题。为了达到这个目的，首先要提高农村小学数学教师的问题意识，促使其以多种途径获得教研主题内容。

对"校本教研"有了正确深入的理解后，就可以提升学生的参与度，使学生成为教师教研成果是否有效的最直接、最有利的验证者。同时，教学是师生交往互动、共同发展的过程，学生也是校本教研内容的一个来源。

（二）建立、完善适合自己学校的校本教研制度

校本教研制度是维系校本教研顺利实施的保障机制。[①]因此，必须首先建立和完善适合学校实际的校本教研制度。这些制度主要包括：（1）校本教研的目标规划；（2）校本教研实施计划；（3）学校各部门、人员的履职制度；（4）经费管理制度；（5）教师理论学习制度；（6）专业引领制度；（7）教师集体研讨制度；（8）课堂教学评价制度；（9）教师教学反思制度；（10）校本教研奖惩制度；（11）成果评价、推广制度等。

1. 建立全面、多元的评价制度

其中，比较重要的是农村小学数学校本教研评价制度。因为评价能直接反馈校本教研的价值，能够提高教师群体参与校本教研活动的积极性。笔者认为，各农村小学要建立完善的评价体系要做到以下三点：其一，关注对教研成果的评价，以肯定的态度来评价校本教研成果，那么教师的信心也会倍增，从而不断地参加校本教研活动，反之则会影响教师的积极性；其二，关注教师的自我评价，肯定其优点，帮助其弥补与他人的差距，使其在反思中不断改进；其三，关注过程性评价，适当对教师进行跟踪指导和帮助，这样有利于在过程中发现问题，并及时解决问题。

---

① 柯孔标：《校本教研实践模式研究》，浙江大学出版社2008年版，第340页。

2. 建立适宜本校的专业引领制度

强化专业引领能使校本教研水平更上一层楼。专业研究人员的及时参与是校本教研水平提升的重要因素。专业引领实质上就是理论对实践的指导，是理论与实践之间的对话、沟通。为了使校本教研活动向高水平迈进，农村小学数学教研组要主动积极争取与专家、教研员的合作机会，经常聘请他们来校举办专题讲座、说课、评课等，进行现场辅导，帮助教师从更高层面、更宽视野领悟新课程。

3. 建立完整的教师反思制度

为了突出反思的有效性，让反思真正成为数学教师幸福成长的助推器，要着重关注以下四个方面制度的建立。（1）反思的时空。既要注重教学后反思，也要注重教学前、教学中的反思。教学前的反思贵在"精"，教学中的反思巧在"活"，教学后的反思重在"深"。（2）反思的目标。既要反思教师的"教"，更要反思学生的"学"。"学"的反思是基础，只有把"学"作为教学反思的出发点和落脚点，教师才能从学生的表现中透视自己"教"的有效性，思考"教"与"学"的得失，才能提炼出最有价值的经验，丰富和完善自己的教学。（3）反思的切入。既要"反思"，也要"正思"。每个教师都有自己的教学理念和个性化的教学风格，每节课也不乏独特的教学设计和精彩的课堂生成，这些既是师生成长的源泉，也是教学反思的宝贵资源。教师在教学反思时不能过分关注教学中的失败之处，要抓住教学亮点进行正面反思，深刻挖掘，提炼智慧，使优点更优，长处更长，亮点更亮，时间长了，缺点也就逐渐被优点所取代，还能不断丰富自己的教学理论体系，提高自己的教学实践能力。（4）反思的形式。既要注重个体内省，也要注重集体交流。你有一个苹果，我有一个苹果，互相交换，各自得到一个苹果；你有一种思想，我有一种思想，互相交换，各自得到两种思想。因此，要在个人反思的基础上，多和学生交流，和同伴研讨，找专家点拨，集思广益，让反思促进视界的融合、经验的共享、思维的碰撞和理论的升华。当反思成为教师集体交流的习惯时，它就会焕发出更加强大的生命力。

（三）开拓多种校本教研途径，搭建校际交流桥梁，增强各方联结和协作

1. 立足本校，搭建开放型的数学教师成长平台，满足教师差异化需求

许多农村小学数学校本教研以备课、听课、评课为主要形式，虽然开展次数多，但实际效果却不尽如人意。因此，农村小学数学教师应根据自身的实践，结合本校的实际特色，充分发挥主体性功能，不断创新校本教研形式。

从访谈中可知，部分农村小学虽然考虑到了不同年龄、不同学历、不同教龄的数学教师对校本教研的需求不同，但并没有采取具体的措施。因此，学校管理部门可以在了解每位教师特点的基础上，采用一些有针对性的、非传统的教研形式来满足不同教师的需求，调动教师参与的积极性。例如年轻教师运用新媒体能力较强，可以利用微博、微信等形式进行校本教研；而教龄较长的教师，积累了大量的实践经验，可开展听课评课、经验交流等校本教研活动。

2. 开展研究型和学习型校本教研活动，升华校本教研

现阶段农村小学开展的基本上是教学型校本教研活动，还可以开展学习型校本教研活动和研究型校本教研活动。学习型校本教研的关键是学习，它是一种研究性学习，读书和思考贯穿始终，教师在学习中提高自身的专业素质和教学水平。研究型校本教研是以课题研究小组为中心，针对一个问题进行的研究活动，以研究报告的形式呈现研究结果。它比教学型校本教研活动更具针对性和高效性，它利用教师已有的知识和理论，借助教师的反思意识，解决教师彼此讨论后仍不能解决的问题。因此，开展研究型和学习型校本教研活动，可以促进小学教师不断学习，能提升小学校本教研的质量

和水平。

3. 搭建校际交流桥梁，增强各方联结和协作

农村小学要加强与各级教研机构、各级学校的联系，建立一个信息共享平台，保证信息、资源的顺畅流通，实现学校与教研机构的纵向信息共享以及学校与学校、学校与社区之间的横向信息共享，增强各方协作能力。这样，农村小学数学校本教研的内容能在教师中引起广泛讨论，在讨论中碰撞出了无数教学灵感火花，有利于全体教师教学水平的提高。

五、教研活动方式举例——教研组

教研组是教师在学校内部进行教学问题研究的基层组织，是教师专业发展的重要平台。探究点、线、面、体式的农村小学数学教研组活动策略，对提升农村小学数学教师的专业水平来说得尤为重要。

（一）聚"点"——教研组着力每位教师的专业发展

教师是教研组中的"点"，教研组就是由这些"点"构成的。农村小学数学教研组必须根据组内教师的特点，有针对性地设计教研活动，激发教师自主提升自身专业水平的积极性。

1. 阅读策略

博览群书能全面提升教师的素养。农村小学数学教研组应根据组里教师的特点，有针对性地开展读书活动。教研组应注重理论学习，学校每年给每位教师提供一定的报纸杂志订阅费，每学期要求教师至少读一本专业理论、师德、专业能力方面的书籍，注意收集教育新信息，督促教师不断自学新知识，提升教学理论水平。

2. 数字资源应用策略

农村小学数学教研组应积极引导教师充分利用各类的教育教学数字资源。丰富的学习资源既有助于教师提升自身素养，又可帮助每位教师结合所教学生的学习特点，提升课堂教学效果。同时，教研组还应主动建设本校的教育教学资源库，并引导教师将自己的教学课件、教学设计、学习心得等上传到资源库，真正形成资源共享。

3. 反思策略

农村小学生具有较强的地域特质。教研组应引导教师结合本土文化、校园文化以及学生的自身特点，进行有效的自我反思；并促使教师养成反思的习惯，及时总结和改进教育教学工作。教师要多写教育随笔、教育记事、教育教学案例、教育心情等，积累形成自己的教育教学资源库，真实表达自己对教育的理解，有效提升思考力和感悟力。

（二）连"线"——教研组有效开展结对连线活动

教师团结协作、共同提高，是教研组活动的灵魂；同伴互助、切磋专业，是教研组活动的核心。

1. 师徒结队策略

农村小学数学教研组应分析组内新老教师的实际情况，设计"师徒结对"方案，明确带徒职责义务。如师徒共同开展课例研究活动，由老教师先上引领示范课，新教师在吸收老教师的经验的基础上，结合自身特点开展同课异构教学研究活动。发挥组内老教师的教学经验优势和新教师的工作热情优势，两者的互补效应形成的巨大能量，能使新老教师相互提携促进。

2. 同年级异科结对策略

数学教研组可以帮助本组教师与同年级其他学科的专家型教师进行结对。这既能让听课教师领略到更多同行的风采，感受到更多教师的教学个性；又能了解所教学生的综合知识水平，以便融合各学科知识进行有效的数学教学；还能开阔教师的视野，提升教师的学科整合能力，进一步带动全体教师的专业发展。

（三）成"面"——教研组不断创新团队建设工作

在自我研究、同伴结队互助的基础上，农村小学数学教研组需从个体研究转向集体研究。数学组需以课堂教学研究为主阵地，狠抓教研团队的建设，形成面的力量。

1. 教育沙龙，智慧碰撞策略

农村小学数学教研组可以在教师每学期读透一本书的基础上，开展读书交流会，让教师把从书中得到的一些体会都说出来，分享智慧，凝聚力量，获得可持续发展的动力。

农村小学数学教研组还可以开设教育沙龙讲坛，为数学教师们带来一道道的精神盛宴，全面提升数学教师的内涵。

2. 随堂听课，把脉议诊策略

农村小学数学教研组应开展随堂听课活动，准确了解数学课堂教学的现状和教师教学中的困惑。随堂听课听的是教师常态下的课，能真实地反映教师平常教学的状态，准确把脉教师的课堂教学。听课时，不仅要关注教师的教学，也要留意学生的上课状态。听完课后，应专门召开"议诊会"。大家把自己的思考和疑惑提出来，梳理出一些共性的问题，进行课例研究。

3. 专题研究，创新提升策略

专题研究活动源于教师的需要，是以问题为驱动、以课例为载体的有着鲜明专题的教研方式。农村小学数学教研组引导组内教师以课堂教学研究为重点，以课堂观察为手段，以教学反思、同伴互助、专业引领为主要方式，促进自身的专业发展。如开展"数学教材解读""概念课教学策略""复习课教学策略""小学生易错题错因分析"等专题研究活动。

（四）构"体"——教研组主动构架各级教研共同体

农村小学数学教研组应主动参与到各级教研共同体的团队中，以弥补现今农村小学数学教研活动中专业引领不足的问题，提升对教研质量的监督力度，使校际教研合作形式更加多样化，进一步激发农村小学数学教师开展教研活动的积极性。

1. 农村数学教研共同体策略

农村小学之间存在许多共性，可以以一所农村学校为龙头、二到三所农村学校为龙身，针对自身发展的需要，根据同质促进、异质互补的原则，构建起教研联合团体。农村数学教研共同体建立统一的教学、教研管理机制，通过搭建教研联动、资源共享和师生互动等平台，构建数学教研组与数学教研组、教师与教师、学生与学生之间"三位一体"的教研共同体。

2. 城乡数学教研共同体策略

由于师资和办学条件等方面存在差异，城乡学校的教育教学质量差距较大。提高农村小学数学教育教学质量，让农村学生享受与城里学生同质的教育，已经成为社会和广大农村家长的迫切要求。应建立覆盖城乡的教研共同体，由数学教研员引领，以教研组长和骨干教师为核心，加强城乡教研一体化，构建城乡教研互动体系。

3. 高校与农村数学教研共同体策略

高校教育专家了解学科知识的本质、规律及教育理论；农村小学数学教师对小学生有深刻了解，教学技巧熟练、尺度把握得当，但局限于自身水平，难以将经验提升到理论高度。高校专家团队与农村小学数学教师组成教研共同体，恰好能弥补各自的欠缺，双方可以从自身的立场思考，发表不同见解，提供不同层面的信息，以互补的方式，促进各自的专业发展。

　　聚点、连线、成面、构体的教研组活动策略将使农村小学数学教研工作变得有序、充实、高效。有特色、有创新的农村小学数学教研组活动，能为加快农村小学数学教师专业发展、缩小城乡小学差距奠定基础。

第二节　现代信息技术

21 世纪，以计算机和互联网为核心的现代信息技术在各个领域中得到广泛应用。现代信息技术不仅影响着人们的生活和工作，也改变了教育的方式。利用现代信息技术可以增加教材的深度和广度，帮助小学生生动形象地理解一些抽象复杂的知识；能优化课堂教学的结构，充分体现以学生为学习主体这一新课程理念，发展学生的形象思维，提高学生的课堂参与度。

现代信息技术的日益普及，对教师的信息素养提出了新的要求。伴随着中华人民共和国成立以来的第八次基础教育课程改革的推进，我国的小学课堂教学转变为以学生为主体，教师是学习的组织者、引导者和合作者，并关注每个学生的成长与发展。

《基础教育课程改革纲要》(试行) 第十一条明确指出，要大力推进信息技术在教学过程中的普及应用，并对这种应用的立足点做了明确的阐述："促进信息技术与学科课程的整合，逐步实现教学内容的呈现方式、学生的学习方式、教师的教学方式和师生互动方式的变革，充分发挥信息技术的优势，为学生的学习和发展提供丰富多彩的教育环境和有力的学习工具。"

《教育信息化十年发展规划（2011—2020年)》提出，我国教育信息化总体发展目标是：到2020年，全面完成《国家中长期教育改革和发展规划纲要

（2010—2020年）》所提出的教育信息化目标任务，形成与国家教育现代化发展目标相适应的教育信息化体系，基本建成人人可享有优质教育资源的信息化学习环境，基本形成学习型社会的信息化支撑服务体系，基本实现所有地区和各级各类学校宽带网络的全面覆盖，教育管理信息化水平显著提高，信息技术与教育融合发展的水平显著提升。教育信息化整体上接近国际先进水平，对教育改革和发展的支撑与引领作用充分显现。

《数学新课标》中提到，信息技术的发展对数学教育的价值、目标、内容及教学方式产生了很大的影响。数学课程的设计与实施应根据实际情况合理地运用现代信息技术，要注意信息技术与课程内容的整合，注重实效。要充分考虑信息技术对数学学习内容和方式的影响，开发并向学生提供丰富的学习资源，把现代信息技术作为学生学习数学和解决问题的有力工具，有效地改进教与学的方式，使学生乐意并有可能投入现实的、探索性的数学活动中去。并指出要积极开发和有效利用各种课程资源，合理地应用现代信息技术，注重信息技术与课程内容的整合，有效地改变教学方式，提高课堂教学的效益。同时也指出现代信息技术的作用不能完全替代原有的教学手段，其真正价值在于实现原有的教学手段难以达到的效果。

本研究以小学数学教师运用现代信息技术的情况作为切入点，研究结论对帮助教师合理、充分地利用现代信息技术提高教学效率具有一定意义。

一、研究对象及方法

（一）调查对象

笔者选择金华市开发区10所小学的数学教师作为调查对象，发放问卷230份，回收220份有效问卷，问卷回收率为95.65%。

所有问卷采用匿名方式进行，并在发放回收问卷的过程中对10所小学管理现代信息技术设备的人员进行访谈,以获得翔实的一手资料。

(二)研究方法

主要采用问卷调查法和访谈调查法。

调查问卷由两个部分组成。

第一部分是小学数学教师的基本信息,包括性别、学历、年龄、教龄、受教育程度、所属学校等。

第二部分是自编的关于小学教师运用现代信息技术情况的调查问卷,通过查阅有关文献,拟定了考察小学教师运用现代信息技术情况的三个维度:教师运用信息技术的能力;教师在教学中运用信息技术的情况;教师参加信息技术相关培训情况。

笔者还自编访谈大纲对学校管理现代信息技术设备的人员进行访谈,了解学校的硬件与软件情况及学校组织培训情况。

二、 相关数据分析及研究结论

(一)数据的统计及分析

本次研究共涉及220名小学数学教师,在城市小学教书的有92人,在农村小学教书的有128人;男58人,女162人;中专学历16人,大专学历50人,本科学历154人;教龄在1—3年的有28人,4—6年的有12人,7—9年的有8人,10—12年的有34人,13—15年的有24人,16—18年的有36人,19年及以上的有78人;年龄在25岁以下的有16人,26—30岁的有30人,31—35岁的有62人,36—40岁的有44人,41—45岁的有30人,46—50岁的有14人,51岁及以上的有24人。

1. 教师运用信息技术能力

教师运用信息技术的能力在很大程度上影响着教师能否在课堂中运用信息技术进行教学,笔者从"计算机等级""学习过的信息技术知识""制作课件的方式""备课时参考资料的来源"和"与家长的联系方式"五个维度对此进行研究。

(1)计算机等级。

图5-6表明,小学数学教师大多数已通过计算机等级考试,具备基础的使用计算机的能力。

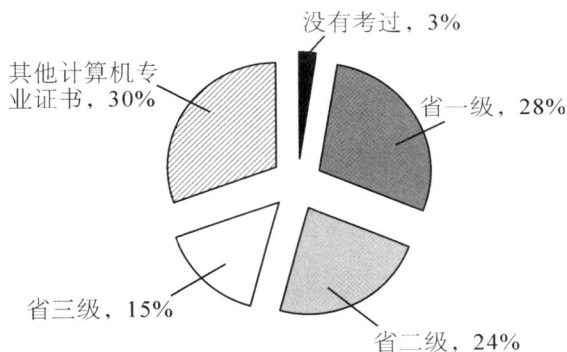

图5-6 计算机等级统计

(2)学习过的信息技术知识。

从表5-11中可以看出大部分教师是通过参加培训的方式获得运用信息技术的能力的。比较农村与城市的小学数学教师获得信息技术能力的途径,可以发现,城市小学的数学教师大部分是通过自学获得信息技术能力的,这与教师的学历有一定的关系。

表 5–11　获得信息技术能力途径的统计

题目	选项	人数	
		城市	农村
您是通过哪种途径获得信息技术能力？（多选题）	A. 读书时学的	14	36
	B. 自学	50	44
	C. 参加培训	44	60
	D. 问他人	4	4
	E. 其他	2	8

从表5-12中可以看出，所有受调查的教师都学习过有关现代信息技术的知识与技能，其中有50.0%学习过现代信息技术的基本理论和方法，有理论基础。有68.2%的教师学习过多媒体教学课件制作，这是教学中运用最多的现代信息技术手段，可以看出教师学习现代信息技术的主要目的还是在日常的教育教学中使用。

表 5–12　学习过的现代信息技术知识类型统计

题目	选项	人数	百分比（%）
您学习过哪些方面的现代信息技术知识？（多选题）	A. 现代信息技术的基本理论和方法	110	50.0
	B. 计算机及网络应用	128	58.2
	C. 多媒体教学课件制作	150	68.2
	D. 教学设计的理论和方法	70	31.8

综合分析可以看出，教师学习过的现代信息技术知识类型还是比较多的，而且有参加过一定的培训，有针对性地学习了一些技能，并能在教学过程中加以运用，将现代信息技术与课堂教学整合在一起。

（3）制作课件的方式。

从表5-13中可以看出，没有小学数学教师是通过出钱请别人帮忙这种方式进行课件制作的，有63.6%的小学数学教师能独立完成课件，从这个侧面可以看出，小学数学教师的信息技术水平还是比较高的。

表 5-13　制作课件方式统计

题目	选项	人数	百分比（%）
您是如何制作多媒体课件的？（多选题）	自己独立完成	140	63.6
	请别人帮忙，一起合作	76	34.5
	出钱请别人做	0	0
	直接网上下载	50	22.7
	从资源库中下载	58	26.4

（4）备课时参考资料的来源。

从表5-14可以看出，小学数学教师在备课时参考最多的还是教师用书和相关教辅。有69.1%的教师是通过网络来获得参考资料的，影响教师利用网络进行备课的因素主要有网络资源的质量、数量、种类等。还有不少教师使用的是学校自制的教学课件。学校自制的教学课件具有一定的针对性，但是只能在学校内部使用。也有29.1%的教师会花钱购置一些资源加以利用。

表 5-14　备课时参考资料的来源统计

题目	选项	人数	百分比（%）
您在备课时的参考资料的来源有哪些？（多选题）	网络资源	152	69.1
	教师用书和相关教辅	194	88.2
	报纸杂志	50	22.7
	学校自制的教学课件	56	25.5
	自行购置的音像教学碟片	26	11.8
	自行购置的多媒体学习光盘	38	17.3
	其他	0	0

（5）与家长的联系方式。

从表5-15可以看出有68.2%的教师是通过电话与家长进行交流的，这是比较普遍的方式，具有即时性。当些事件发生之后，可以马上通过电话联系到学生家长，汇报情况并寻找解决的方法。有56.4%的教师会当面与家长进行交流，这种方式能直接得到家长的反馈，以便更好地处理事情。有41.8%的教师选择了通过网络与家长进行交流，这种方式受到限制的原因是有的家长不会上网。没有教师是通过书面方式与家长进行沟通的，主要是因为书面沟通具有滞后性，当天的事情当天不能及时反馈。

表5-15　与家长的联系方式统计

题目	选项	人数	百分比（%）
您一般是通过哪种方式与家长进行沟通的？（多选题）	A.电话	150	68.2
	B.书面	0	0
	C.网络	92	41.8
	D.当面交流	124	56.4
	E.其他	6	2.7

2. 教师在教学中运用信息技术的情况

在信息化社会，利用现代信息技术进行教学是对教师提出的新要求，当然，在教学中运用现代信息技术也要有一定的限制。笔者认为，可以从"现代信息技术的使用频率""对现代信息技术的态度"及"运用现代信息技术的影响因素"三个方面进行研究。

（1）现代信息技术的使用频率。

从表5-16可以看出，在农村小学，有56%的教室装有白板，而在城市小学，只有48%的教室配有白板。但根据对管理人员的访谈可知，城市小学以前每个教室都配有带幕布的多媒体设备，现正在将它们换成白板，所以有一半教室有白板，一半教室没有白板。

表5-16　白板配置情况统计

题目	选项	人数		
		城市	农村	总计
您所在的教室是否配有白板？	有	44	72	116
	无	48	56	104

　　从上题可知，有104位教师说他们所在的教室是没有白板的，那么他们肯定没有使用过白板软件进行教学。再看表5-17可以发现，还有一些教师，虽然教室中有白板，但是没有使用过白板软件进行教学，可能是不熟悉白板的软件系统。利用白板最多的是31—35岁这个年龄段的教师。

表 5–17　白板软件使用情况统计

题目	选项	人数							
		25 岁及以下	26—30 岁	31—35 岁	36—40 岁	41—45 岁	46—50 岁	51 岁及以上	总计
您是否利用白板软件进行过教学？	没有用过	8	16	30	16	16	8	12	106
	偶尔一两次	0	10	14	14	8	2	8	56
	经常使用	8	4	18	14	6	4	4	58

　　从表5-18中可以看出，只有51岁及以上这个年龄段有教师通常不用现代信息技术进行教学，其他年龄段的教师或多或少会使用现代信息技术进行教学。有54.5%的教师在一周内会运用现代信息技术进行三次或以上的教学，由此可以看出，小学数学教师运用现代信息技术进行教学是比较频繁的。其中使用现代信息技术进行教学最多的是31—35岁的教师。

表 5–18　运用现代信息技术的频率统计

题目	选项	人数							
		25 岁及以下	26—30 岁	31—35 岁	36—40 岁	41—45 岁	46—50 岁	51 岁及以上	总计
您平时教学过程中运用现代信息技术的频率是？	通常不用	0	0	0	0	0	0	4	4
	平均一周一次	4	16	12	6	10	4	0	52
	平均一周两次	0	2	16	4	2	8	12	44
	一周三次及以上	12	12	34	34	18	2	8	120

　　从对上面两张表格的分析中发现，运用白板进行教学和一周使用信息

技术教学三次及以上的教师主要集中在31—35岁之间,说明年轻骨干教师教师运用现代信息技术进行教学的意识比较强,已经意识到将现代信息技术运用到教学中的重要性。研究中也发现,农村小学中50岁左右的教师,很少运用现代信息技术进行教学,其主要原因是不熟悉设备,没有相应的能力,还没有建立终身学习的观念,可能想着自己不久就要退休,就不学习这些现代化的技术与教学手段了。

从表5-19可以发现,有89.1%的教师在教学中经常运用Powerpoint辅助教学,有59.1%的教师是运用Word辅助教学的。使用其他软件的教师比较少。其他软件较Powerpoint和Word要难掌握一点,所以运用的人数相应地也少一些。

表 5-19　教学中常用软件统计

题目	选项	人数	百分比（%）
您在教学中常用的软件有哪些?（多选题）	Word	130	59.1
	Powerpoint	196	89.1
	Flash	28	12.7
	Photoshop	6	2.7
	Authorware	10	4.5
	课件大师	8	3.6
	几何画板	8	3.6
	超级画板	2	0.9
	易思多媒体教学系统	0	0
	其他	10	4.5

（2）对现代信息技术的态度。

从表5-20可以看出,有89.1%的小学数学教师认为使用现代信息可以丰富教学内容的表现形式。有60.0%的教师认为使用现代信息技术可以开展多种形式的教学活动,增加学生的参与度,有利于学生的学习。还有48.2%的教师认为使用现代信息技术可以节省授课时间,是因为使用现代信息技术可以将较多的内容集中在一起教给学生。另外,利用现代信息技术可以使抽象的东西具体化，也可以节省一些实践操作的时间。

表 5-20　现代信息技术在教学中扮演的角色统计

题目	选项	人数	百分比（%）
您认为现代信息技术在教学中扮演的角色是？（多选题）	A. 丰富教学内容的表现形式	196	89.1
	B. 可开展多种形式的教学活动	132	60.0
	C. 拓展了教学资源的途径	126	57.3
	D. 可以节省授课时间	106	48.2
	E. 其他	17	7.7

从表5-21中可以看出，大多数教师运用现代信息技术进行教学是因为教学需要和可以提高教学效率，是自己主动地运用现代信息技术进行教学。有30.9%的教师是因为运用现代信息技术可以培养学生的形象思维才选择使用现代信息技术进行教学的。但也有一些教师并不喜欢运用现代信息技术进行教学，有3.6%的教师是因为学校的规定不得不使用，7.3%的教师是因为要应付检查或参加示范课、观摩课而不得不运用现代信息技术进行教学，这些教师就需要摆正自己的思想。当然，也有3.6%的教师是因为自己的兴趣爱好选择使用现代信息技术进行教学。

表 5-21　在课堂教学中使用现代信息技术的原因统计

题目	选项	人数	百分比（%）
您在课堂教学中使用现代信息技术的原因是？（多选题）	A. 自己的兴趣爱好	8	3.6
	B. 教学需要	164	74.5
	C. 学校规定	8	3.6
	D. 提高教学效率	164	74.5
	E. 应付检查或参加示范课、观摩课	16	7.3
	F. 培养学生的形象思维	68	30.9
	G. 其他	2	0.9

从表5-22中可以看出，有90.9%的教师认为在课堂教学的过程中运用现代信息技术可以激发学生的学习兴趣，65.5%的教师认为在课堂教学的过

程中运用现代信息技术可以起到增加知识总量和密度的作用,充分地肯定了现代信息技术在教育教学中的价值。只有24.5%的教师认为在课堂教学的过程中运用现代信息技术可以培养学生自主、协作学习的能力,这是因为培养学生自主和协作学习的能力一般是在学生的活动中进行的。

表 5-22　课堂中使用现代信息技术获得的效果统计

题目	选项	人数	百分比（%）
您认为在课堂中使用现代信息技术具有的教学效果有哪些?（多选题）	A. 激发学生的学习兴趣	200	90.9
	B. 增加教学容量和密度	144	65.5
	C. 扩展学生的想象力	96	43.6
	D. 培养学生自主、协作学习的能力	54	24.5
	E. 培养学生的创造力	90	40.9
	F. 其他	14	6.4

从表5-23中可以看出,有87.3%的教师在制作课件时会考虑教学内容的需要,有65.5%的教师会考虑教学方法。笔者认为,这两者需要有机结合,满足教学内容的需要是基础,在制作课件、选择音视频的过程中,必须考虑是否有设备可以使其完整地播放。有60.0%的教师在制作课件时考虑的是学生的特点,这符合新课程以人为本的理念,从这个侧面也可以看出这些教师运用现代信息技术的能力比较强,能根据自己班学生的具体情况,自己设计课件。但也有0.9%的教师在制作课件的时候没有考虑各种因素,可能在使用时会造成一定的困扰。

表 5-23　在教学中制作或使用多媒体课件、音视频等时考虑的因素统计

题目	选项	人数	百分比（%）
您在教学中制作或使用多媒体课件、视频音频等时考虑的因素是?（多选题）	A. 教学内容的需要	192	87.3
	B. 教学方法的需要	144	65.5
	C. 学生的特点	132	60.0
	D. 教学目标的要求	88	40.0
	E. 没有考虑过	2	0.9
	F. 其他	6	2.7

（3）运用现代信息技术的影响因素。

从表5-24中可以看出,影响教师运用现代信息技术进行教学的因素主要是缺乏编制教学课件的知识和经验及课前备课量大。在制作课件时可能需要收集很多资料,还要制作动画,所以课前备课量比较大。只有0.9%的教师认为运用现代信息技术进行教学会影响到师生交流。有23.6%的教师认为是自身不熟悉设备的操作影响了运用现代信息技术进行教学的意愿。有14.5%的教师认为对教学媒体的认识不足,缺乏兴趣制约着他们使用现代信息技术进行教学。有3.6%的教师认为多媒体会影响学生思考,所以他们很少运用现代信息技术进行教育教学。只有10.0%的教师认为影响他们运用现代信息技术进行教学的主要因素是他们不具备使用多媒体的环境。从中可以看出,影响教师运用现代信息技术进行教学的因素有一部分来自教师自身,还有一些来自外界。

表 5-24　影响教师利用现代信息技术进行教学的因素统计

题目	选项	人数	百分比（%）
影响您利用现代信息技术进行教学的因素是?（多选题）	A. 缺乏现代教育技术理论指导	78	35.5
	B. 对教学媒体的认识不足，缺乏兴趣	32	14.5
	C. 不熟悉设备的操作	52	23.6
	D. 缺乏编制教学课件的知识和经验	88	40.0
	E. 缺乏匹配教学要求的软件	60	27.3
	F. 所授学科不适合用多媒体	16	7.3
	G. 课前备课量大	82	37.3
	H. 不具备使用多媒体的环境	22	10.0
	I. 缺乏学校领导和同事的支持	2	0.9
	J. 多媒体影响学生思考	8	3.6
	K. 教师授课艺术得不到充分发挥，影响师生交流	2	0.9
	L. 其他	6	2.7

3. 教师参加信息技术相关培训情况

通过培训可以增强教师运用现代信息技术的能力,所以笔者在这一方面也进行了研究,通过"对培训的态度""曾经参加过培训的等级""希望获得培训的内容"及"培训的方式"四个维度进行研究。

（1）对培训的态度。

从表5-25中可以发现，只有4人认为参加培训不怎么重要，而且这4个人是来自农村小学的，说明城市和农村的教师在思想观念上还是有一定的差距。在城市就职的教师中有一半的教师认为参加培训很重要，只有2%的教师认为有点重要，没有一名教师认为参加培训不怎么重要。在农村教书的教师中认为参加培训很重要的和较重要的人数差不多，只有3%的农村教师认为参加培训不怎么重要，说明大多数教师还是支持培训的。

表 5-25　对培训重要性的认识统计

题目	选项	人数		百分比（%）	
		城市	农村	城市	农村
您认为参加现代信息技术培训重要吗?	很重要	46	60	50	47
	较重要	44	52	48	41
	有点重要	2	12	2	9
	不怎么重要	0	4	0	3

（2）曾经参加过培训的等级。

从图5-7中可以发现，没有教师参加过国家级培训。在各种类型的培训中，参加过校本培训的教师最多，占46%。还有7%的教师没有参加过培训，笔者认为没有参加过培训的教师可能是刚刚开始教书的教师，也有可能是教师自身不想要参加培训，认为培训没有什么用处，所以直接不参加培训。有27%的教师参加过市县级的培训，另外，还有20%的教师参加过省级培训。从教师参加培训的类型看，大多是校本培训，涉及面也不够广。

（3）希望获得培训的内容。

从表5-26中可以看出教师们最想学习的技能是多媒体课件制作，所以他们希望能参加多媒体课件制作培训，因为在日常的教学中，课件的使用最为常见。有48.2%的教师希望能获得教学设计及教学方法方面的培训，以

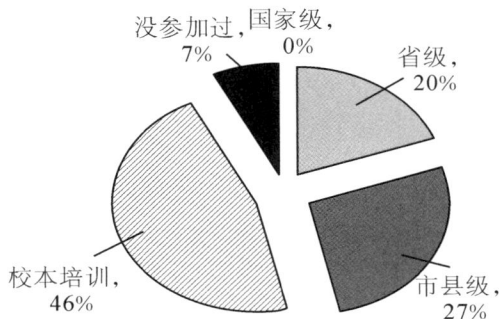

图 5-7　参加培训的类型统计

便设计出更加合理的教学流程,运用更合理的方法将教学设计展示给学生。有32.7%的教师希望参加现代信息技术应用方面的培训。只有3.6%的教师希望参加教育学理论知识培训,说明教师更加希望参加技能型的培训,不是很希望参加理论型的培训。有18.2%的教师希望学习网页制作方面的知识,可能是因为现在基本上每个家庭都有电脑,那么可以建立一个班级网页,将每天班级中发生的事情发在网上,家长也能通过浏览网页了解孩子在学校的情况。

表 5-26　希望获得培训的内容统计

题目	选项	人数	百分比（%）
您希望接受什么培训?（多选题）	多媒体课件制作	146	66.4
	教学设计及教学方法	106	48.2
	现代信息技术应用	72	32.7
	网页制作	40	18.2
	信息技术与课程教学整合的理论与实践	52	23.6
	现代教育技术理论知识	14	6.4
	教育学理论知识	8	3.6
	多媒体技术应用	46	20.9
	学科资源库的建设	42	19.1
	其他	0	0

（4）培训的方式。

从表5-27可以看出,大多数教师比较喜欢实践型培训,因为技能只有在不断地实践中才能得到巩固。只有**21.8%**的教师喜欢讲授型的培训方式。喜欢参加演示型培训的教师也不少，是因为如果不先观看演示直接自己摸索，可能会走很多弯路，那和自学没有什么区别。喜欢讨论型培训和综合型培训的教师数量差不多。

表 5-27 喜欢的授课方式统计

题目	选项	人数	百分比（%）
您喜欢的培训授课方式是？（多选题）	讲授型	48	21.8
	演示型	118	53.6
	讨论型	78	35.5
	实践型	130	59.1
	综合型	70	31.8

（二）访谈的结果与分析

访谈主要是围绕学校的一些情况进行，从学校拥有的硬件设备状况、软件建设情况及学校组织培训情况三个方面展开。

1. 硬件设备状况

从表5-28可以看出，农村小学拥有的硬件设备数量和城市小学差不多。在白板的拥有量上，农村小学较少，但也准备逐渐添置。同时笔者还了解到不同厂家生产出来的白板搭载的软件也是不同的，这给教师教学带来一定的难度。在熟悉一个白板软件之后，若新换另一个牌子的白板，就又不会用了。

表 5-28 学校拥有硬件情况统计

问题	农村小学	城市小学
有哪些多媒体设备？	白板、实物展示台、投影机、多媒体计算机	白板、实物展示台、投影机、多媒体计算机、录像机
有几个多媒体教室？	1—2个	一般有 2—3个
有多少办公用计算机？	每个教师一台	每个教师一台
配有多少白板？	10台以内	大部分教室都有，没有的正在换
普通教室配有哪些多媒体设备？	电视机、实物展示台、投影机、白板（个别教室）	电视机、实物展示台、投影机、白板（大部分教室）

2. 软件建设情况

从表5-29可以看出,城市小学的软件建设情况优于农村小学。不过相关负责人告诉笔者,在不久之后,农村小学中相关设备也会逐渐普及。

表 5-29　学校拥有软件情况统计

问题	农村小学	城市小学
是否拥有无线网络?	只在办公区	覆盖全校
是否开通校园网?	部分小学尚未开通	已开通
是否有建立校讯通系统?	尚不健全	已建立
是否有建立数据资源库?	没有	已建立

3. 学校组织培训情况

笔者从访谈中了解到,部分农村小学并没有组织专门的现代信息技术培训,只有少数农村小学会进行培训,但也只是一年一次。而城市的小学则是在换了白板之后,就会请相应的白板开发制造商进行培训,让教师了解白板软件的使用方法,以便他们在日常教学中加以运用。

(三)结论

通过问卷调查和对有关负责人的访谈,可以得出以下结论。

1. 教师运用信息技术的能力

第一,小学数学教师具备使用现代信息技术的基础能力,并且大多数教师能独立完成多媒体课件的制作。

第二,大多数教师在备课选择参考资料时,能主动运用信息技术,同时也会参考教师用书和相关教辅、报纸杂志等。

第三,不少教师能通过网络与家长进行良好地沟通。

2. 教师在教学中运用信息技术情况

第一,小学数学教师运用现代信息技术进行教学还是比较频繁的,通常是使用Powerpoint进行演示教学。

第二，小学数学教师对现代信息技术在教学中的作用持肯定的态度，但在某些方面有一定的思想偏差。

第三，影响小学数学教师运用现代信息技术进行教学的因素主要有主观和客观两个方面。从主观方面看，影响因素主要有教师自身的兴趣及其现代信息技术素养。从客观方面看，学校软件的配置情况，学校能否提供自由上网的环境是较重要的影响因素。

3. 教师培训情况

第一，大多数教师认为参加培训有一定的重要性，但在农村小学，有个别教师认为参加培训不怎么重要。

第二，大多数教师参加了一些不同级别的培训，其中最多的是校本培训。

第三，小学数学教师希望参加多媒体课件制作等技能型的培训，不是很愿意参加知识型的培训，并希望能通过实践的方式进行授课。

4. 学校硬件与软件设备

第一，硬件设备基本普及，且城乡小学差距不大，但软件方面农村小学落后于城市小学。

第二，在组织培训方面，城市小学要比农村小学积极。

三、对策与建议

（一）转变小学数学教师教育观念，重申现代信息技术的重要性

教育观念是教师在理解教育工作的基础上形成的关于教育的观念或理性信念。教师是教育活动的组织者、引导者和合作者，教师的教育观念直接影响着教师的教育教学行为，间接地影响着教育的性质与学生的发展。若是教师没有建立现代教育观，那么也就不可能会运用现代信息技术进行教

育教学活动。所以转变教师的教育教学观念,是促使教师运用现代信息技术的前提条件。学生是学习的主体,所以教师在制作教学课件时也要充分考虑学生的特点与知识水平。

(二)建立合适的激励机制,调动教师运用现代信息技术进行教学的积极性

很多教师还没有认识到现代信息技术的重要性,缺乏紧迫感。现代信息技术的运用需要具备一定的软件和硬件知识,这也是大多数教师所欠缺的。制作多媒体课件的前期工作量较大,也让一些教师对现代信息技术望而却步。因此,学校可以制定一些激励措施,如在年终评优时可以将是否运用现代信息技术进行教学作为一个条件;定期举行多媒体教学课件制作评比,向优秀的课件制作者颁发奖励。通过调动教师运用现代信息技术进行教学的积极性,形成教师自觉运用现代信息技术进行教学的良好氛围。

(三)加强小学数学教师现代信息技术培训,提升教师信息技术水平

高速发展的社会对教师使用现代信息技术的能力要求越来越高,国家对教育信息化也越来越重视。教育部于2005年启动了"全国中小学教师教育技术能力建设计划",组织开展了以信息技术与学科教学有效整合为主要内容的教育技术培训,逐步建立教师教育技术培训和考试认证体系,全面提高广大教师实施素质教育的能力。为了有效地提高教师运用现代信息技术的能力,可以定期开展培训。培训可以选用以下几种方式。

1. 校本培训

所谓的校本培训是指学校根据自身发展的需要,在对学校教师运用现代信息技术能力进行系统评估的基础上,充分利用校内外资源,通过自主制

订计划或与专业研究机构、研究人员合作,设计和开展目的在于满足学校的需要及提升教师水平的培训活动。校本培训可以根据教师的实际情况在课余时间自行组织,形式灵活多样。

在进行校本培训的时候,要注意几点:首先是要根据学校教师的实际情况,结合各门学科的特点进行;其次是要将理论学习与实践学习相结合;再次,由于培训具有一定的专业性,学校可以聘请电教机构或现代信息技术中心进行指导。

2. 网络远程培训

开展网络远程培训是大范围提高教师现代信息技术素养的重要途径,是提高教师信息技术水平的重要举措。远程培训具有覆盖面广、效益高、交互性强、形式灵活多样等特点,能够在很大程度上缓解传统教师培训中的工学矛盾及经费、师资、优质课程资源缺乏等问题。尤其是远程培训能够有效整合优质资源,大规模、高效益地开展教师培训,这对于促进教育均衡发展具有重要意义。远程培训主要有教学光盘播放模式、卫星教学收视模式、计算机网络浏览模式三种模式。远程培训具有一定的自主性,教师可以根据自身情况去选取自己需要的内容进行学习。

(四)完善硬件与软件的建设,创造良好的运用环境

相应的硬件和软件设备是将现代信息技术应用到教学中的物质基础和前提保障,是整个信息技术体系中的基础部分。若是没有必备的硬件和软件,那么教师也就不能运用现代信息技术进行教育教学活动。

教育部发布的《国家中长期教育改革和发展规划纲要(2010—2020年)》中提到,要提高中小学每百名学生拥有计算机台数,为农村中小学班级配备多媒体远程教学设备;建设有效共享、覆盖各级各类教育的国家数字化教学资源库和公共服务平台;基本建成国家级和省级教育基础信息库及教

育质量、学生流动、资源配置和毕业生就业状况等监测分析系统。国家对教育信息化非常重视，出台了相关文件以促进教学硬件及软件的建设，并投入大量资金建设多媒体教室、视频教育资源库和宽带网络等硬件与软件设备，以提升教育信息化水平。

除了国家的各种政策和项目建设之外，学校可以采取以下措施推进教学软件的建设。

第一，在学校内部建立一个教学软件资源库，包含各学科的教学资源，由专人进行收集和管理，教师也可以自己上传一些资源到资源库中，当需要时就可以直接到资源库中进行搜索，这样可以调动教师运用各种现代信息技术进行教学的积极性。

第二，组织专项培训，提高教师制作课件的能力。鼓励学科教师与信息技术教师或专业人员合作，制作教学课件，丰富资源库的内容。

另外，还希望白板的开发制造商能开发一个通用的白板教学软件系统，这样就不需要每换一个牌子的白板就进行一次培训，有利于教师在日常教学中运用白板软件进行教学。

第三节　教育信息化

2012年3月，教育部正式颁布了《教育信息化十年发展规划（2011—2020年）》，它标志着我国教育信息化从"初步应用阶段"向"融合创新阶段"推进。教育信息化的成效或最终目标体现于学科教学质量和学生综合素养的提升，这就要求广大教师能有效地将信息技术整合进各个学科的教学过程中，使教育教学效果与效率最大化。所以，教育信息化能否深入发展并最终取得成功的关键在于教师，教师不仅是教育信息化直接的参与者与组织实施者，还是推动教育信息化发展的重要力量，更是最终目标的实现者。

数学是抽象的，而信息技术可以把图形、声音和文字结合在一起，对学生的脑、耳、眼等多种感官进行刺激，使抽象的数学形象化。如何把数学教育和信息技术全面深度融合，是数学教育信息化发展的核心问题。

我国大部分小学在农村，推动农村小学教育信息化对提高义务教育质量、实现教育公平起到重要作用。《国家中长期教育改革和发展规划纲要（2011—2020年）》明确指出，要以农村教师为重点，提高中小学教师队伍整体素质。

农村小学数学教育信息化进程如何？本节通过深入金华农村小学数学课堂听课、问卷调查、实地访谈等，对农村小学数学教育信息化现状展开调查,分析发展中存在的问题,为推进农村小学数学教育信息化探索对策。

一、研究对象及方法

本次调查根据金华农村镇区小学与乡村小学数量比,随机选取样本,共发放问卷600份,实际回收570份,回收率为95%,有效问卷565份,有效率为99%,其中镇区小学390份,乡村小学175份。同时,笔者采用访谈法、文献研究法、深入课堂听课等多种方法收集信息并进行分析研究,因此,本调查能够反映金华市农村小学数学教育信息化发展现状。

调查问卷包括两部分:第一部分是农村小学数学教师的基本信息,包括所在小学地理位置、性别、年龄、教龄、学历、职称、计算机等级等;第二部分是在前期阅读大量文献的基础上,依据相关文件,采用德尔菲法得出现阶段衡量小学数学教育信息化情况的主要指标,包括教育信息化认同与培训、工具软件与应用、资源共享与共建、教学与技术融合4个一级指标和对应的20个二级指标。初始问卷完成后,选取金华的镇区小学、乡村小学数学教师共40名进行预试、问卷认知访谈,根据访谈反馈情况对具体题项的表述进行修改,确保教师对问卷题项的理解不会出现认知偏差。

二、相关数据分析及研究结论

(一)教育信息化认同与培训

1. 教育信息化的认同

教师基本认同教育信息化与自己的数学教学关系紧密,能关注教育信息化的进展。从表5-30看,无论是镇区小学还是乡村小学的数学教师都认为教育信息化与数学教学有关系。在深入乡村小学与镇区小学听课与访谈时发现,乡村小学虽然教师与学生数量较少,但教育信息化设施与镇区小学没有显著差异,随着城镇化的深入,有的乡村小学学生数逐渐减少,人均教育信息化设施数反而多于镇区小学。

表5-30　教师对教育信息化与小学数学教学关系的认同度

学校	选项			
	非常紧密	紧密	有关系	无关
镇区小学	42%	41%	17%	0
乡村小学	32%	48%	20%	0
总计	39%	43%	18%	0

2. 教育信息技术培训

信息技术培训多,但针对数学教学软件与数字资源应用的培训偏少。41.5%的教师认为培训针对性不强。访谈中还发现,电子白板使用培训是由电子白板供应商承担,但不同的电子白板厂家设计的工具软件不同,教师使用时要进行不同的培训,造成使用上的障碍,增加了教师负担。对培训内容的期望方面,77.4%的教师要求学习使用电子白板,52.3%要求学习使用超级画板,51.6%要求学习使用几何画板,50.3%要求学习使用Flash。

(二)工具软件与应用

1. 工具软件的使用

分析表5-31数据发现,教师们常用的教学工具软件有Word与Powerpoint,并且比较熟练,由访谈得知教师均参加过Word、Powerpoint与Excel的使用培训。而生活中使用QQ与微信进行沟通最普遍,访谈中得知使用QQ与微信的能力是通过实践摸索得到的,因为这两项工具软件简单、易学、使用方便。而作为数学教师,在"图形与几何"教学中需使用的工具软件——几何画板和超级画板却有53.8%和56.8%的教师没有使用过。原因在于没有参加过相关培训,以及应用使用偏难。

表 5-31　数学教师使用工具软件的情况

软件工具	选项			
	经常使用	使用	偶尔使用	不用
Word	28.4%	51%	20.6%	0
Excel	16.1%	43.2%	39.3%	1.4%
Powerpoint	21.9%	47.2%	30.9%	0
QQ	49%	33.5%	16.3%	1.2%
微信	52.3%	29.5%	9.4%	8.8%
电子白板	7%	24.2%	52.1%	16.7%
几何画板	0.6%	3.9%	41.7%	53.8%
超级画板	0.6%	0.6%	42.0%	56.8%

2. 信息技术在教学过程中的运用

教师普遍能使用多媒体，但有时也会出现多媒体使用不当的现象。当前，小学一、二年级每周5个数学学时，三、四、五、六年级每周4个学时，部分小学开设数学综合实践活动1学时。根据表5-32数据，结合深入课堂听课可以看出，数学教师在教学中普遍能使用信息技术，在课堂上使用最多的是Powerpoint，有的教师可以说达到滥用的程度，如在教学列竖式计算时，部分教师把演算过程也用Powerpoint播放，影响小学生理解算理与掌握计算方法，这些教师似乎离开Powerpoint就不会讲课了。

表 5-32　小学数学课每周平均使用信息技术情况

使用次数	5次以上	5次	4次	3次	2次	1次	0次
百分比	32.3%	11.6%	19.4%	19.2%	12.3%	5.2%	0

3. 多媒体课件资源的利用

教师能共享多媒体课件资源，但根据自己的教学理念独立设计制作课件的能力薄弱。32.9%的教师是直接运用现成课件，49.6%的教师是在别人课件的基础上修改，只有17.4%的教师能独立制作课件。其主要原因是许多工具软件不会用，做不出自己设想的效果，以及制作课件的素材少。

（三）资源共享与共建

1. 建设网络与教学资源网站

调查显示，88%的教师所在办公室网络流畅，所有教师办公室都通网络。教师对教学资源网站的熟悉情况如下：48.2%的教师对"国家基础教育资源网"不熟悉，49.7%的教师对"浙江基础教育资源网"不熟悉；浏览最多的是自己学校网站、金华教育网站，其次是"新世纪小学数学网"。从访谈中得知，金华的农村小学基本采用北京师范大学出版社出版的数学教材，北京师范大学出版社在开展的数学教研活动时，会引导教师上其网站浏览课程资源。

2. 及时更新数学教学数字资源。

学校网站教学资源匮乏、更新慢，适合数学教学的数字资源较难找到。

如表5-33所示，大半教师认为自己学校网站内容匮乏，学校网站几乎都无法连接像万方这类数据库查找并下载教学所需资源，学校网站资源更新也较慢。

表 5-33　在教育资源网上能否找到教学中需要资源的调查结果

选项	都能	基本能	偶尔	不能
百分比	2.5%	38.0%	58.7%	0.8%

3. 提供数字资源下载

影响教师下载数字资源用于教学的主要因素是网上资源内容与本班学生实际学习情况脱节，其次是网上资源更新慢，再是下载要收费。

4. 教学资源上传共享

很少有教师愿意将自己的教学资源上传共享。表5-34显示了教师将自己的教学资源上传共享的情况。不少的教师认为自己设计的教学资源没有多少创新，也有的教师找不到适合的发布平台并不知上传方法，少部分教师认为自己的教学资源自己拥有知识产权，所以不上传。

表 5-34　将自己设计的教学资源上传到网站共享情况

选项	每次都上传	经常上传	偶尔上传	不上传
百分比	0.7%	4.4%	41.2%	53.7%

（四）教育与技术融合

1. 现代教育技术理论指导

教师有积极推进数学教育与信息技术整合的意识，但缺乏现代教育技术理论指导与编制数学教学课件和使用资源库的知识和经验，这影响了农村小学数学教师把数学教育与信息技术融合的脚步。

在深入课堂听课后发现，农村小学数学教师在探索如何将数学教育与信息技术有效整合，但是进程非常缓慢。调查显示，影响应用信息技术进行教学的因素中，排第一的是缺乏编制数学教学课件和使用资源库的知识和经验，第二是难以制作出与本人教学设计一致的课件，第三是缺乏现代教育技术理论指导，第四是课前备课量增大，第五是使用效果不尽如人意。

2. 数学教师本身的素养

数学教师本身的素养影响数学教育与信息技术的融合。调查显示，职称在小学高级及以上的教师对推进数学教育与信息技术融合并提高教学质量的设想与新入职的教师有显著差异。在上课时，如课件预设与学生想法不一致，只有2%的教师能及时调整课件，48.5%的教师偶尔能调整课件，还有30.9%的教师是无法调整课件的。

在深入课堂听课后发现，在部分新入职教师的教学中，设想一条线，小学生学习认知一条线，信息媒体又一条线，这3条线处于分离状态。部分直接用光盘进行教学的教师，在教学过程中，当师生双方互动"生成"一些新的教学资源时，由于光盘的固定流程，教师无法调整预案，只能按照光盘的流程继续进行。

3. 使用优质教学资源的效果

调查显示，只有19.3%的教师对将数学教学优质资源用于自己教学得到的效果感到满意。不满意的原因有以下几项：学生情况不同，出现"水土不服"症状；自己钻研不够，没有用好用活优质资源；教师个体素质不同，出现"东施效颦"的情况。

三、对策与建议

由上述调查可知，农村小学数学教学在教育信息化发展过程中已取得一些可喜的进展，但也存在诸多问题，笔者对以上调查结果进行深入思考，提出以下对策。

（一）各方参与，激发教师内在动力

1. 政府牵头，组织各种教育信息化推广活动

各级教育领导部门牵头，深入农村，组织各种形式、各个层次的教育信息化经验交流宣传推广会，形成典型引路、示范引领效应。如进行微课、电子书包、翻转课堂、Web2.0、混合学习、移动阅读等的展示，让农村小学数学教师看到教育信息化下教师的工作量没有增加，在某种意义上反而得到减轻，课堂教学效益得到提高，这必能激发教师由内生发的投入探索农村小学数学教育信息化的热情。

2. 有的放矢，开展各级各类的教育信息化培训

农村小学数学教师运用信息技术能力的提升，需要各级各类教育信息化培训的支撑。各级各类培训组织者要深入农村，充分了解一线教师在教学中面临的问题和实际需求，对培训专家提出有针对性的内容要求。当前，每位农村小学数学教师必须参加一定学时的教育信息化培训，如《浙江省中

小学教师专业发展培训若干规定（试行）》要求每位教师5年内要完成360学时的培训，笔者建议这360学时中教育信息化方面的培训不能少于90学时。在培训内容上要注重学科教学与信息技术融合，如开设"超级画板在小学数学教学中的应用"等内容的培训，通过培训使农村小学数学教师体会到使用信息技术教学，学生既能经历完整的数学探究过程，也能开发左右大脑。

（二）提升顶层设计，使工具软件简单化

1. 工具软件简单化，利于其在一线教师中普及

工具软件开发应遵从简化原则，从全面需求出发，保持整体构成精简合理，使之使用效率提高。技术只有趋于简单化时，才能得以广泛应用，如白板开发商的应用软件要标准化，方便教师使用。研发机构要针对小学数学教育教学，开发功能全面的学科教学平台，使一线教师能像使用传统教学工具一样使用平台，这样，既减轻教师负担，又提高学生学习兴趣，才能体现出教育信息化的实际效果。

2. 课件微型化，便于一线教师因材施教

数学教学的实践和研究都表明，以教师为主导、学生为主体、师生共同参与的课堂，是需要教师随机应变、临场发挥的，任何提前设计好的"教案""课件"都无法原原本本地搬到课堂上。因此，课件开发研究机构需要把数学知识分解成"知识原子"，针对每个"知识原子"开发出微课件、微素材，农村小学数学教师在课堂教学中运用这些微课件、微素材，根据农村小学生学习生成情况，运用工具软件将其进行组合，动态建构"知识分子"，帮助学生形成自己的知识体系。

（三）以人为本，资源建设个性化

数字资源库的建设要关注学生、教师、学校的需求，关注人的个性发展。

1. 公建众享

有的平台由国家出资、名家领衔建设，具一流水准，像"国家基础教育资源网"等，农村小学数学教研组应引导教师用好这些资源。同时，教育行政部门应以区域为单位购买一些大型的商业期刊数据库，如中国知网、维普网等。大型商业期刊都有大量的农村小学数学教育教学资源，且数据库资源更新快、检索方便，在区域内开放这些数据库资源，能真正实现公建众享，打破农村小学数学教师教育教学资源匮乏的局面。

2. 共建共享

农村小学数学教师应共建具有农村小学特色的资源库。特色资源库的建设应由区域教育行政部门牵头，教研、科研、信息部门进行技术指导，农村小学数学教师共同参与。数字资源的建设要着眼于教育模式和学习方式的转变、信息技术与教育教学的深度融合。资源的积累可以通过各种比赛、奖励等，鼓励教师积极把自己创造的教育教学资源上传，丰富符合农村小学数学教学需求的本土化数字资源库，使资源得到有效利用，实现经验、智慧共享。

（四）协同发展，教学与技术融合

系统论认为，整体大于各部分之和，只有把农村小学数学教育与信息技术有机融合，才能实现"1+1＞2"。

1. 构建高校与农村小学的数学教育信息化研究共同体

高校专家对教育新理论、数学学科知识的本质把握准确，而农村小学数学教师对农村小学生学习特点了解透彻，高校专家团队与农村小学数学教师构建农村小学数学教育信息化研究共同体，恰好能发挥各自的特长，建构新的小学数学教育信息化方案，提升农村小学数学教师信息化素养，探索出一条适合农村小学数学教育信息化发展的道路。同时，师范院校可以开设关于小学数学教育与信息技术融合的新课程，为推进农村小学数学教育信息化培养人才。

2. 构建区域小学数学教育信息化发展共同体

在城乡学校之间，由于师资和办学条件等方面的差异，教育教学质量存在差别。提高农村小学数学教育信息化水平，使教学与技术融合，需构建城乡小学数学教育信息化发展共同体，由数学教研员、信息技术教研员引领，以教研组长和骨干教师为核心，开展对小学数学教学与信息技术融合的教学模式、方法等的探索。在共同体中，要努力建设好数学教育与信息技术融合的实验区和示范课堂，通过实验区和示范课堂积极探索，出经验，见实效，用成功的典型和经验带动共同体一同发展。

3. 推动农村小学数学教师与信息技术教师合作

要使农村小学数学教育与信息技术融合，还需构建农村小学数学教师与信息技术教师等的多学科联合共同体，开展促进学科教育与信息技术融合的校本培训，建立学校论坛，借助论坛交互性强、便于交流的特点，随时解决农村小学数学教学与信息技术融合中存在的问题。

农村小学数学教育信息化是一项复杂的系统工程，只有各方形成合力，才能实现发展目标，进而促进农村小学数学教师专业发展，真正实现义务教育均衡发展的宏伟目标。

第四节　专业发展资源建设

　　义务教育均衡发展的核心是教师的均衡发展。在调查中发现,同等学力、相同教龄的城乡小学教师在专业理念与师德、专业知识和专业能力方面存在差异。要提升全体农村小学数学教师的专业发展水平,需要通过城乡换岗、培训进修等途径。农村小学交通不便、优质资源配置不足、专业学习资源缺乏且不成体系等,都严重影响着农村小学数学教师的专业发展。随着教育信息化的飞速发展,2019年2月,中共中央、国务院印发的《中国教育现代化2035》指出,要建立数字教育资源共建共享,使农村和边远地区师生能够享受优质教育资源。因此,对农村小学数学教师专业发展资源共建共享情况展开调查与研究显得尤为重要。

一、概念界定

(一)教师专业发展

　　教师专业发展是指教师作为专业人员,在专业理念与师德、专业知识、专业能力等方面不断发展和完善的过程。

（二）教师专业发展资源

教育资源是指教育过程所使用和消耗的人力、物力和财力资源总和。本节所指的教师专业发展资源是指教师在专业理念与师德、专业知识、专业能力等方面不断发展和完善过程中所需的各种资源的总称。

（三）教师专业发展数字资源

数字资源是指人们通过电子设备可以利用的信息的总和。本节所指的教师专业发展数字资源（以下简称发展资源），是以数字形态存储，为达到教师专业发展目标而专门设计、开发的各种资源的集合。

二、相关数据分析及研究结论

在浙江省范围内，借助"问卷星"在网上向农村小学数学教师发放电子问卷807份，回收807份，其中有效问卷804份，有效率为99.63%。

所有问卷采用匿名方式进行，笔者还深入农村小学对数学教师进行访谈，以便获得更为具体的一手资料。

（一）对发展资源的认识与态度

1. 认同共建共享，但参与度不高

调查显示，97.39%的农村小学数学教师对发展资源共建共享机制的提出持支持态度。结合访谈发现，愿意参与发展资源共建共享活动的教师占89.59%，但付诸行动的教师较少。其主要原因有：一是学校的工作任务较为繁重，没有时间；二是教师认为自己运用信息技术的能力不够。

2. 资源享用方便，知识产权未受保护

调查中，44.24%的教师认为发展资源共享机制不健全，不愿意共享自己创造的资源。访谈结果表明，教师在上传自己创造的发展资源后，知识产权未能像公开发表在刊物上那样受到保护。资源上传后就成了公用的，人人都可以下载并使用，甚至成为他人的成果。所以部分教师觉得将资源共享不公平，自己的知识产权未能得到保护。

（二）发展资源的共建与发展

随着教育现代化的不断推进，政府、企业和学校对数字资源库建设的投入不断加大，具体情况如下。

1. 平台多，资源重复率高

近年来，国家教育主管部门及众多省市先后投资建设了国家基础教育资源网、中小学教育教学资源网等基础教育资源平台，也有越来越多的企业和个人加入基础教育资源建设中，相关平台有K12中国小学教育教学网、第一课件网等。部分学校也建设了学校资源网站。通过对部分网站进行资源检索，发现有关专业能力的资源重复率较高，每个网站上都有许多完全相同的教学设计和课件。

2. 使用者满意度不高

调查显示，82%的教师认为，虽然发展资源平台众多，但各类资源分类模糊且相互之间不能互通，造成教师在检索时不能马上找到自己所需的资源，有时候想要找到合适的发展资源，需要查找多个网站，增加了查找工作量。许多资源因为已上传多年，形式落后，失去了参考价值，但仍在资源库中，给教师检索资源带来干扰，造成不便。同时也有部分教师觉得，随着教育改革的不断深化，教育理念与小学数学教材不断更新，新的发展资源建设过于缓慢。以上三个原因使使用者对发展资源平台建设满意度不高。

3. 平台环境存在信息安全隐患

（1）实名认证登录，易致个人信息泄露。

登录很多平台经常会涉及身份证号码、手机号码、真实姓名等个人信息，如果个人信息被泄露，会造成很多麻烦。

（2）系统平台不安全，多媒体设备易被病毒入侵。

很多教师反映所用的多媒体教学设备会遭病毒入侵。病毒可能来自资源下载的平台，也可能来自发展资源传输过程。

（三）发展资源的共享与应用

1. 建设者间缺乏互动，资源优化困难

调查表明，90.8%的教师从未对下载的资源进行评价，对资源提出修改建议者真是凤毛麟角。究其原因，一是发展资源提供平台上缺少用户反馈等交互功能；二是教师在运用发展资源后，想要再找回原下载地址较为困难；三是教师对发展资源进行反馈的意识十分薄弱。所以建设者很难了解自己提供的发展资源存在什么不足，从而无法进行针对性优化。

2. 资源获取便利，但适合农村者少

调查表明，有93%的教师觉得从各大平台上下载发展资源比较方便，但针对农村小学数学教师专业发展的资源较少，特别是有关小学数学本源知识的资源非常少。

3. 资源使用频繁，贡献率低

农村小学数学教师普遍会运用发展资源，但把自己创造的资源上传共享的人数较少。调查显示，影响教师将自己创造的发展资源上传到网站与大家共享的因素有：72.9%的教师认为自己的资源不够优秀；37.4%的教师是找不到合适的网站或不知上传方法；11.6%的教师认为自己设计的资源拥有知识产权，不愿上传。

三、对策与建议

农村小学数学教师专业发展资源建设是一个循序渐进的过程,由以上调查分析可知,当前发展资源建设已具一定规模并取得了一定成效,但仍存在一些问题。针对这些问题,本节提出以下对策。

(一)健全机制,鼓励全员参与

1. 表彰优秀示范者,激发资源建设者积极性

火车开得好,全靠车头带。政府牵头,开展各级各类发展资源建设经验分享、学术交流大会,在交流中碰撞出智慧火花;同时还要开展各种表彰活动,给优秀的示范者、领头羊予以证书与奖励,鼓励各方参与到发展资源建设中来,以此来激励后续的资源建设者。

2. 招募多类型资源,政府提供资源建设经费

在政府的财政支出中增设一项资源建设经费,作为教师们提供资源的劳动报酬。但这里的资源区别于普通的资源,必须是经过逐级审核的多样化、多形式的资源,如之江汇教育广场中广为教育界所知的"一师一优课"、微课程资源体系,由教师自行上传各类资源,再逐级上报审核、评优、共享,优秀资源的提供者,就可以获得相应的资源建设经费。

3. 建立积分奖励制度,集资源券攒积分领奖励

除了设立各种奖励机制外,资源平台可以效仿淘宝等网站使用会员积分制,根据教师们上传资源的频率及质量给予对应的积分或是资源券进行奖励,积分或资源券积攒到一定量,可以免费下载优质资源。

4. 知识产权资本化,原创内容从公用资源向知识专利转变

教师创作、上传的资源,即便是被其他使用者引用,也要贴上原创者的标签,使知识产权受到保护。这也让参与发展资源建设的教师们觉得,自己

的创作可以充分发挥价值。平台可以尝试与一些专门的组织机构合作，结合实际情况制定版权协议，详细描述资源的商业用途、修改权利、作者权利、版权标识等，以确保资源提供者的权利。

（二）加快顶层设计，推动优质资源平台建设

1. 多方论证，推动资源模块分类标准化

发展资源模块设计需要由国家牵头，由专家认证，听取建设者和使用者等多方意见，才能制定统一的分类标准。笔者认为，发展资源可以围绕"专业理念与师德+专业知识+专业能力"，一体化设计资源体系框架，分为"专业学习资源模块""教学资源模块""继续教育资源模块"三大类。其中"专业学习资源模块"主要为农村小学数学教师专业学习提供所需的资源，包括教育理念知识、政策法规知识、心理健康知识、小学生发展知识、数学学科知识、小学数学教育教学知识、通识性知识、小学数学教育教学研究方法等。"教学资源模块"主要为农村小学数学教师教学提供资源，帮助农村小学数学教师开展教学，内容包括课程标准、教学设计、教学课件、教学案例、网络课程、学习测评系统等。"继续教育资源模块"主要为农村小学数学教师提供继续教育所需的资源，包括校本培训资源、职业资格证书培训资源、学历提升培训资源及相关网站链接等。

2. 设定资源审核机制，把关质量与安全

随着发展资源共建共享活动的深入开展，越来越多的教师参与到资源平台的建设活动中来，在资源数量增加的同时，也会出现资源质量参差不齐的现象，因此，设定严格的资源审核机制就显得极为重要。审核的内容主要有资源质量、格式和上传模块等。同时应增设信息安全监测系统，与专业的信息安全监测公司合作，做好平台的安全监测，对用户个人信息进行安全防护。

3. 服务平台多元化, 实现便捷检索

资源服务平台作为发展资源的有效载体, 可以实现发展资源的制作、发布、检索、共享等。单向型资源服务平台是指对资源享用者而言, 平台主要提供资源的检索、在线浏览和下载等功能。国内的发展资源平台以单向型为主, 平台中没有发展资源的在线编辑工具, 资源享用者只能够获得资源, 并不能创生新的资源。而多向型服务平台除了有发展资源的制作、发布、检索、共享功能, 还增设了资源的评价与反馈模块, 享用者可以根据个人情况编辑, 这样就能避免资源一旦发布就很难实现更新与优化的现象。在多向型服务平台的基础之上, 实现各类资源享用平台的互通, 这样就能为享用者提供诸多便利。

4. 进行资源生命周期评估, 及时淘汰劣质资源

进行发展资源上传后的影响性评估, 对于后续的享用者来说也是一项很好的判断该资源是否有使用价值的方式。用户评价不高、下载率极低的无价值资源, 就要及时处理掉。

(三) 搭建桥梁, 实现有效共享

1. 设置各种激励措施, 激发享用者的内驱力

从心理学角度看, 激励是指激发人的行为动机的过程, 即通过各种客观因素的刺激, 引发和增强人的内在动力。激励在挖掘人的潜力方面有很重要的作用, 同时激励也能满足人实现自我价值的需要。享用者是发展资源是否具有价值、是否实用、是否优质的评判者。目前大部分享用者并没有对资源进行评价的意识, 所以应转变享用者的观念, 调动享用者的积极性, 使其对发展资源进行评价并提出修改建议, 从而促进资源的优化。可以建立享用者积分制度, 享用者通过阅读发展资源、下载发展资源、评价发展资源和对资源提出修改意见等可以获得不同额度的积分, 拥有一定的积分, 就可

以在线学习或下载资源。

2. 完善教师专业发展考核机制,促使享用者向共建者转化

教师考核是指学校或其他教育机构根据国家制定的标准,按照相应的内容、程序和方法,对教师进行定期和不定期的考评,确定教师教育教学水平的行为。要提高农村小学数学教师共建共享发展资源的积极性,可以从多个方面进行努力。学校可以将上传发展资源作为教师专业发展考核内容之一,从外部促使教师从享用者向共建者转变;可以将教师在平台上成功发布自己创作的资源等同于在公开发行的刊物上发表论文,并纳入科研考核和年终绩效考核统计,在教师进行职称评定及评优时给予一定加分。教师上传成功的自创资源越多,表明教师运用发展资源的频率也越高。这样既可以提高农村小学数学教师专业素质,也能调动农村小学数学教师共建发展资源的积极性,同时也能做到人尽其才。

3. 开展精准培训,构建农村特色发展资源

农村特色发展资源的建设离不开一支高素质的农村教师队伍,深入开展农村教师资源建设培训是提高农村小学数学教师素质的重要手段之一。其一,开展精准培训前需要对受训者进行调查,了解受训者的需求,此时就给共建共享者之间搭建了一座沟通的桥梁,使建设者与使用者得以面对面交流。其二,开展精准培训可以解决农村小学数学教师信息技术应用能力不足的问题,如开展网络资源的检索与运用、发展资源平台的使用、特色资源制作等方面的培训。其三,通过对农村小学数学教师进行资源建设培训,有助于农村小学数学教师专业理念、专业知识和专业能力的发展。最终,农村教师根据地域特征、学校特色、班级情况针对性创建发展资源,构建农村特色发展资源;并将具有农村特色的发展资源上传至发展资源平台,完善发展资源体系。

总之,农村小学数学教师专业发展资源建设任重而道远。只有不断进行调查与研究,才能建成优质的发展资源体系,并使之得到有效运用。

参考文献：

[1]钱丽华.农村小学数学教师教育信息化现状调查与对策思考——以浙中金华地区为例[J].中国教育信息化,2016（6）:63-67

[2]卢锦玲."沪港两地小学数学教师专业知识缺失"的比较研究[D].上海:华东师范大学,2008.

[3]毕力格图.高中数学教师学科知识发展研究[D].长春:东北师范大学,2011.

[4]姜辉.美国对小学数学教师培养的反思与愿景——《没有共同点:美国教育学院对小学教师的数学培养》报告述评[J].外国中小学教育,2010（6）:29-34.

[5]顾燕燕.城市教师支援农村教育的问题及对策[D].上海:上海师范大学,2010.

[6]邓飞雁.成熟型小学数学教师专业发展的障碍及消解对策[D].长沙:湖南大学,2010.

[7]DENG M. The attitudes of primary school teachers toward inclusive education in rural and urban China[J]. Frontiers of Education in China,2008,3（4）:473-492.

[8]项纯.教师专业标准解读:小学教师[M].天津:天津教育出版社,2012.

[9]李丽娟.偏远地区小学教师专业发展问题及对策研究[D].长春:东北师范大学,2009.

[10]林崇德.发展心理学[M].北京：人民教育出版社，1995.

[11]卢秀琼，张光荣，傅之平.农村小学数学教师知识发展现状与对策研究[J].课程·教材·教法，2007(9)：60-64.

[12]张忠华，周萍."互联网+"背景下的教育变革[J].教育学术月刊，2015（12）：39-43

[13] 李士锜，张晓霞，金成梁.小学数学教学案例研究[M].北京：高等教育出版社，2010.

[14]唐艳.小学数学"实践与综合应用"的实施现状研究[D].重庆：西南大学，2007.

[15]徐莹，景敏.《全日制义务教育数学课程标准（实验稿）》与《义务教育数学课程标准（2011年版）》"综合与实践"部分对比分析与研究[J].中国数学教育，2012（21）：2-6.

[16]郝志军.教学理论的实践品格[M].北京：教育科学出版社，2008.

[17]沈亚安.执着与无奈——中学教师教育科研效能影响因素的探究[D].苏州：苏州大学，2008.

[18]蔡笑岳.教师专业发展与教育科研[M].广州：暨南大学出版社，2007.

[19]周翠萍.关于改进中小学教育科研现状的研究[D].上海：华东师范大学，2006.

[20]张冲.学校教育科研的现状分析及其对策研究[D].上海：华东师范大学，2010.

[21]张艳茹.中小学教师科研现状调查研究[D].上海：华东师范大学，2011.

[22]STENHOUSE, LAWRENCE.What Counts as Research[J].British Journal of Educational Studies,1981, 29（2）:103-114.

[23]刘天平,王林发.经济欠发达地区中小学校本研修的现状与对策[J].

教学与管理，2015（15）：27-29.

[24]伊思洁,钱丽华.基于"互联网+"的农村教师教学能力提升策略——以农村小学数学教师为例[J].教育教学论坛，2017（31）：31-32.

[25]陈霞."学习领导"视野下的校本研修建设路径[J].教师教育研究，2017（5）：38-44.

[26]张涛.乡村教师互助式校本研修共同体创新实践研究[J].课程·教材·教法，2016（11）：101-106.

[27]曾能建.教师培训的实效性研究[J].教育评论，2010（1）：75-77.

[28]谢静思.广东省河源市中小学教师培训问题与对策研究[D].广州：广州大学，2013.

[29]詹青龙,祝智庭.教师培训的新思路：培训课程活动化[J].教育发展研究，2007（22）：31-34.

[30]梁好,吴正兵,黄家国,等.众说"异科听课"[J].教育文汇，2011（7）：15-19.

[31]王盛芬.教研一体化 促进城乡教育均衡发展[J].基础教育参考，2009（8）：63-65.

[32]苏雅娟.初中校本教研现状及改进策略[D].长春：东北师范大学，2010.

[33]黄侨明."以校为本"教研制度建设的几点认识[J].福建教育学院学报，2003.

[34]孟宪乐.农村立体化校本教研与教师专业发展[J].课程·教材·教法，2006（4）：79-83.

[35]徐文彬.校本教研中"非校本化"倾向及其成因分析[J].全球教育展望，2007（12）：25-30.

[36]熊其军.知识管理理念引领下的小学校本教研模式建构[J].上海教

育科研, 2008（6）: 75-76.

[37]江义玲.小学数学校本教研工作创新初探[J].成功（教育）, 2009（10）: 52.

[38]胡铁生,黄明燕.融合与创新: 我国教育信息化发展新阶段的核心使命——基于教育部首批教育信息化试点项目的分析与启示[J]. 电化教育研究, 2014（4）: 21-30.

[39]CHANG L. School-based Teaching Resources Integration In the E-learning Platform [J].IERI Procedia, 2012(2):247-252.

[40]宋万女. 甘肃省中师学校教师运用信息技术教学的现状问题与对策研究[D].兰州: 西北师范大学, 2004.

[41]赵晖. 哈尔滨市南岗区小学教师运用现代教育技术的现状与对策[D].长春: 东北师范大学, 2008.

[42]侯雁伶. 北京市小学教师信息技术应用的现状和对策研究[D].北京: 中央民族大学, 2008.

[43]荣曼生，李晓明.株洲市小学教师运用信息技术现状的调查与对策思考[J].电化教育研究, 2005（2）: 76-79.

[44]林刚.青岛市农村小学信息技术教师队伍现状调查及思考[J].网络财富, 2009（22）: 4-6.

[45]李梅，宋蔚，张新明.安徽省中小学教师应用信息技术的现状调查与对策思考[J].电化教育研究, 2006（7）: 76-80.

[46]钱丽华.农村小学数学教研组活动策略探究[J].东方教育, 2015（6）: 153-154.

[47]蔡洪祥,卢晓华.加快金华市中小学教育信息化发展的调查与对策研究 [J].浙江教育技术, 2011（3）: 6.

[48]托宾·哈特.从信息到转化:为了意识进展的教育[M]. 彭正梅,译.上

海：华东师范大学出版社，2007.

[49]陈琳.2013中国教育信息化发展透视[J].教育研究，2014（6）：136-141.